本书是教育部人文社会科学研究青年基金项目《制造业投入服务化对中国区域经济高质量发展的影响：理论机制与微观检验》（项目编号：20YJC790164）；山东省人文社会科学课题一般项目《产业链视角下数字经济对山东省制造业转型升级的影响机制研究》（项目编号：2021-YYJJ-28）的研究成果。

制造业服务化与区域经济高质量发展

杨思维 ◎ 著

江西科学技术出版社

江西·南昌

图书在版编目（CIP）数据

制造业服务化与区域经济高质量发展 / 杨思维著.
-- 南昌 : 江西科学技术出版社, 2024. 11. -- ISBN 978-7-5390-9292-8

Ⅰ. F426.4；F127

中国国家版本馆 CIP 数据核字第 2024L7V089 号

制造业服务化与区域经济高质量发展

杨思维 著

ZHIZAOYE FUWUHUA YU QUYU JINGJI GAOZHILIANG FAZHAN

出版发行	江西科学技术出版社
社址	南昌市蓼洲街 2 号附 1 号
	邮编：330009　电话：（0791）86623491　86639342（传真）
印刷	济南文达印务有限公司
经销	全国新华书店
开本	710mm×1000mm　1/16
字数	120 千字
印张	8
版次	2025 年 3 月第 1 版
印次	2025 年 3 月第 1 次印刷
书号	ISBN 978-7-5390-9292-8
定价	48.00 元

国际互联网（Internet）地址：http://www.jxkjcbs.com　选题序号：ZK2024332　赣版权登字：-03-2024-376
责任编辑：钱伟捷　　　　装帧设计：瑞天书刊
版权所有　侵权必究
（赣科版图书凡属印装错误，可向承印厂调换）

前 言

随着全球价值链的升级与重构,服务在制造业中的价值创造比重日益提升,制造业与服务业的深度融合成为不可逆转的趋势。制造业服务化,即制造企业通过提供增值服务、构建服务型制造体系,实现从以产品为中心向以客户需求为中心、从单一生产向"产品+服务"解决方案的转变,是制造业转型升级的重要方向。

区域经济高质量发展,强调的是经济增长质量的提升,包括创新驱动、绿色发展、结构优化、效率提升等多个维度。制造业服务化作为产业转型升级的重要途径,通过促进技术创新、提升产品附加值、增强企业竞争力,为区域经济高质量发展注入了新的活力与动力。

本书从理论层面阐述制造业服务化的基本概念、理论基础及国内外研究进展;随后,通过机制分析、实证研究等方法,深入剖析制造业服务化的具体实践模式、实施路径及面临的挑战;最后,结合区域经济高质量发展的要求,提出针对性的政策建议与未来展望。

本书不仅是一部理论性强的学术著作,更是一部具有实践指导意义的工具书。它对于理解制造业服务化的本质、把握区域经济高质量发展的规律、推动制造业与服务业深度融合具有重要的参考价值。本书适合经济学、管理学、区域经济发展等领域的学者、研究人员、政策制定者以及企业界人士阅读参考。

制造业服务化是新时代背景下制造业转型升级的必然选择,也是推动区域经济高质量发展的关键引擎。我们期待本书的出版,能够激发更多关于制造业服务化与区域经济高质量发展话题的讨论与思考,共同为推动中国经济乃至全球经济的高质量发展贡献力量。

目 录

第一章 绪论 ... 1
第一节 研究背景与意义 ... 1
第二节 研究内容与方法 ... 4

第二章 制造业服务化概述 ... 7
第一节 制造业服务化的内涵与分类 ... 7
第二节 制造业服务化的发展动因 ... 21
第三节 制造业服务化的经济影响 ... 28

第三章 制造业服务化：探索可持续发展 ... 30
第一节 中国制造业服务化发展的现状 ... 30
第二节 制造业服务化驱动高质量发展的机遇与挑战 ... 39

第四章 区域经济高质量发展概述 ... 45
第一节 区域经济高质量发展的概念和内涵 ... 45
第二节 区域经济高质量发展的现状分析 ... 52

第五章 制造业服务化对区域经济高质量发展的影响机制 ... 60
第一节 产业结构优化升级 ... 60
第二节 促进创新驱动发展 ... 65
第三节 制造业全球价值链地位攀升 ... 68
第四节 提升区域经济竞争力 ... 75

第六章 制造业服务化推动区域经济高质量发展的实证检验 ... 80
第一节 区域经济高质量发展评价指数的构建与测算 ... 80
第二节 模型构建与实证分析 ... 88

第七章 制造业服务化推动区域经济高质量发展的路径与策略 ... 98
第一节 政策引导与支持体系 ... 98
第二节 企业转型升级策略 ... 102
第三节 区域协同与集群发展 ... 106
第四节 加快人力资本培育与引进 ... 109

第八章 研究结论与展望 ... 114
第一节 研究结论 ... 114
第二节 未来展望 ... 115

参考文献 ... 117

第一章 绪论

第一节 研究背景与意义

一、研究背景

二十届三中全会明确指出，高质量发展是当前经济社会发展的核心主题。当前中国经济正处于关键转型期，迫切需要抓住百年不遇变革机遇加速转变发展方式、优化经济结构和转换增长动力。加快制造业的产业升级、变"中国制造"为"中国智造"、持续推进制造强国建设成为提升国家经济创新力和竞争力的重要途径。近年来中央陆续出台相关政策文件如《中国制造2025》及《加快发展生产性服务业促进产业结构调整升级的指导意见》以及十九大和二十大报告等，都强调了现代服务业广阔的发展前景及其对制造业的重要支持作用。随着我国生产技术的进步和市场一体化程度的提升，制造业服务化不仅能够优化产业结构，还能吸引高端要素和促进创新，推动区域技术进步和绿色发展，从而推动区域经济的高质量发展。

"十四五"规划提出，要进一步推动现代服务业同先进制造业融合，在此基础上巩固壮大实体经济根基，是现阶段中国制造业提质增效的必由之路。实践表明，推动先进制造业和现代服务业深度融合符合全球经济发展潮流，也是增强制造业国际竞争力、完善现代产业体系、实现区域高质量发展的重要途径。这也成为我国新一轮区域高质量发展的前进方向和根本遵循。从世界各国的发展规律来看，提升制造业附加值，摆脱价值链低端锁定的重要方式包括推动制造业减少简单低效的加工和组装环节，将资源转移到企业价值链两端的品牌设计、金融商务、技术咨询等附加值较高的服务型环节，尽快从原始低效的世界工厂模式向以知识和技术密集型服务业引领制造业向服务化方向转型，以高端化、数智化、绿色化引领未来中国制造业竞争新优势。这一发展模式高度契合生产要素投入减少、投入产出效率和经济效益不断提高、资源环境成本降低和经济社会效益向好的区域高质量发展要求，这对于现阶段我国进一步提升开放水平、紧扣高质量发展要求，抓住产业结构转型升级的关键，加快建设现代化经济体系具有重要的实践意义。

中国过去三十多年间，高投入、低产出的粗放型经济增长模式早已显现出弊端，国际价值链低端锁定、区域行业企业差异大、产业数字化转型不足、企业科技创新能力不强等问题日益凸显。在当前经济转型与产业升级的浪潮中，尤其受国内外"双循环"环境急剧变化的影响，中国经济增长已无法单纯追求速度，而应更加注重综合效率。推动制造业向服务化转型，培育发展服务型制造等新业态不仅有助于促进制造业全球价值链升级、调整经济结构，还能提升发展质量与效率，并孕育新的经济增长动力。那么，中国经济当前在高质量发展的道路上究竟发展到了哪一阶段？制造业服务化又是如何作用于区域经济，促进其实现高质量发展的？更进一步地，制造业服务化具体通过哪些渠道与方式，来驱动区域经济向更高质量的发展阶段迈进？深入研究这些问题，对于缓解当前产业转型升级与区域经济可持续发展之间的矛盾具有重要意义。

二、研究意义

（一）理论价值

基于理论创新的要求，本书的学术价值主要体现在如下几个维度：

（1）探究制造业服务化对区域经济高质量发展的作用，判定制造业服务化与区域经济高质量发展的动态关系，探讨二者的内在联系和作用机理，揭示制造业服务化影响区域经济高质量发展的动力因素与传导路径。

（2）构建多维度中国区域经济高质量发展的衡量指标体系，充分挖掘区域经济高质量发展在时间和空间维度上所蕴含的丰富信息，在经济增长效率、经济增长结构、经济增长协调性、经济增长稳定性和经济增长可持续性等微观、中观和宏观维度测算区域经济增长质量。

（3）构建动态面板模型测度制造业服务化对区域经济高质量增长的影响效应，并采用最小二乘法、固定效应模型，系统 GMM 和差分 GMM 方法，检验制造业服务化影响区域经济增长高质量发展的具体理论机制，刻画制造业服务化对经济高质量发展的促进作用在不同区域表现出的差异性特征。

（二）应用价值

基于中国现实发展的需要，实施制造业服务化转型和区域经济高质量发展都是新时代发展理念下的重要举措。本书的应用价值在于：

（1）定量分析制造业服务化影响区域经济高质量发展的现实状况，揭示制造业服务化在促进区域经济高质量发展过程中存在的问题及制约因素；

（2）根据区域高质量发展的丰富内涵分析制造业服务化在经济增长效率、结构、协调性、稳定性和持续性等方面的作用机制，探究未来制造业服务化转型的发展方向；

（3）借助理论与实证分析结果创新我国制造业发展模式，提出既可以优化产业结构、提升制造业在全球价值链的分工地位，又可以促进区域经济高质量发展的制造业服务化转型对策。

第二节 研究内容与方法

一、研究内容

本书围绕制造业服务化这一全球发展趋势，探讨了制造业与服务业的融合及服务化生产模式的实际应用。书中系统性分析了制造业服务化如何影响区域经济的高质量发展，并研究了服务化生产模式对区域经济高质量发展的动力机制。此外，书中通过中国工业企业数据和省际产业数据，进行了实证检验，以验证制造业服务化与区域经济高质量发展的关系。具体研究内容如下。

（一）理论分析

本书系统地回顾和梳理了制造业服务化的相关文献和理论成果，明确了制造业服务化与区域经济高质量发展的深刻内涵和服务化模式的主要特征。制造业服务化推进不仅代表了制造业高端化、复杂化和多元化的发展，还标志着制造业与服务业的互补性融合，实现了"产业软化"。随着制造业服务化的不断扩展和深化，这种以产业互补性融合为特征的生产模式变革预计将对产业结构升级和经济结构优化产生重要影响，进一步推动区域经济的高质量发展。在此基础上，深入分析了服务化生产模式对区域经济发展的影响机制，为后续研究提供了宝贵的经验借鉴，并对制造业服务化的研究作出了有益补充。

（二）构建计量模型

利用国内投入产出表和产业面板数据，深入实证检验制造业服务化与区域经济高质量发展之间的关系，量化制造业服务化对产业结构升级的影响。

同时，通过重新计算经济高质量发展指标，有效验证了制造业服务化对区域经济高质量发展的影响机制。此外，研究还利用中国各省、自治区和直辖市的面板数据，对制造业服务化在中国区域经济高质量发展中的影响程度和作用机制进行了实证考察。这些分析有助于全面理解制造业服务化如何推动区域经济的高质量发展。

（三）提出对策建议

根据制造业服务化对区域经济高质量发展的影响机制和实证研究结论，明确新发展背景下提升中国区域经济高质量发展的战略实施重点和实现路径，从制度设计、政策保障和推进机制等方面系统提出推动制造业服务化转型、促进我国区域经济高质量发展的对策建议和参考指导。

二、研究方法

（一）规范分析法和实证分析法相结合

在系统梳理和归纳相关文献的基础上，对制造业服务化对区域经济高质量发展的影响机制进行了规范化分析。通过严密的逻辑推演，构建了理论机制，并优化了计量模型和度量指标。研究使用了中国工业企业数据、中国整体时间序列数据以及中国省、自治区、直辖市的面板数据，对理论假说进行了计量检验。运用多种计量分析方法，从多个角度进行稳健性和扩展性研究，全面深入地考察了制造业服务化生产模式对区域经济高质量发展的影响，有效实现了规范化分析与实证分析的相互验证，确保研究结论的可靠性和全面性。

（二）典型事实分析法和对比分析法

将经济现状分析作为计量分析的现实基础和逻辑起点，通过统计性描述、关键指标测算和对比分析，全面且详细地分析了制造业服务化和区域经济高质量发展的现状。在此基础上，运用对比分析法，对制造业服务化的特征、产业结构升级的特征以及不同地区之间的差异进行了比较分析，为中国制造业服务化和产业结构升级现状提供了清晰的定位，为后续研究和分析奠定坚实的基础。

（三）多学科交叉分析法和文献分析法

以产业经济学、企业组织和企业管理、区域经济学等相关理论为基础，通过广泛搜集和研究关于制造业服务化、产业结构升级和区域经济高质量发展的理论和实证研究文献，进行系统性分析，为深入理解制造业服务化和产业结构升级的复杂关系提供了理论支持。

第二章 制造业服务化概述

第一节 制造业服务化的内涵与分类

随着全球经济一体化的持续深化以及新一轮信息技术革命的迅猛推进，服务要素在制造业领域的重要性日益凸显，其角色亦经历了深刻演变：由初期的管理辅助工具，逐步发展成为提升生产效率的关键管理支持力量，进而跃升为引领当前产业发展的新引擎与战略导向的核心要素。制造业服务化趋势，作为经济新常态下推动制造产业转型升级的重要动力与有效策略，正受到广泛重视与推崇。尽管制造业服务化策略在制造企业间获得了日益增长的认可与青睐，然而，关于这一概念的统一定义与理解尚未形成广泛共识。学术界对于制造业服务化的界定，存在多样化的视角与侧重点。

一、制造业服务化的概念与度量

（一）国外学者的阐述

"制造业服务化"的概念，最早由范德默维（Vandermerwe）与瑞达（Rada）两位学者于1988年所提出，旨在精准阐述制造业企业向以客户为核心转变的趋势，即从传统的单纯提供物品（或物品附带服务）模式，演进为提供包含全面服务的"物品服务包"的新型业态。这一过程被细化为三个递进阶段：

首先,是仅提供物品的阶段;其次,是物品与附加服务并重的阶段;最终,是形成以服务为主导地位的"物品服务包"提供阶段。

赖斯金(Reiskin)等学者(2000年)以及奥利瓦(Oliva)与凯伦伯格(Kalleneberg)(2003年)的研究,均遵循了这一基本思路,深入剖析了制造业服务化的内在逻辑,将其视为制造业企业由单一物品生产向"以服务为核心、物品生产为辅助"的价值增值路径的转型。

在此基础上,Ward与Graves(2005年)进一步拓宽了制造业服务化的外延,将其界定为制造商服务业务范围不断拓展与深化的过程。Ren与Gregory(2007年)则进一步细化,将制造业服务化阐释为制造公司采取服务导向策略或开发多元化服务手段,以精准对接客户需求、构建竞争优势、强化市场地位的现象。

Visnjic与Looy(2009年)则提出了更具创新性的视角,他们认为制造业服务化是企业为积极响应客户需求,提供整体解决方案的商业模式革新。而Baines等学者(2009年)则聚焦于价值创造的层面,将制造业服务化定义为制造商通过优化流程设计、提升组织能力等创新手段,实现从产品销售向产品服务系统销售的转变,进而实现价值增值的过程。

综上所述,这些研究共同揭示了制造业服务化的多维面貌,即制造业企业不断拓宽服务范畴、深化服务内涵,以满足客户日益增长的个性化需求,促进制造业向更高层次的服务化方向发展。这一过程,实质上是制造业产出服务化的生动体现。

还有部分学者立足于制造业服务化的视角进行深入探究。具体而言,投入服务化旨在制造业生产过程中,通过增强服务要素的投入比例,同时缩减物质要素的投入,从而实现生产要素结构向服务化方向的深刻转型。这一转变得益于专业化与外包化的蓬勃发展,显著提升了服务要素供给的效率。在此背景下,制造业正逐步增加知识技术密集型服务的运用,涵盖产品生产前期的组织管理、创新设计、技术研发服务,以及产品生产后期的差异化营销、物流运输、安装维护、产品升级等服务,有力推动了制造业生产要素结构的服务化转变。在此过程中，技术复杂度高、价值创造能力强的服务要素逐渐取代了部分实物要素，在生产过程和价值创造中扮演了愈发重要的角色。

Szdavetz（2003）敏锐地观察到了制造业中服务投入比重上升的趋势，并进而提出服务化这一概念不仅涵盖产出服务化，亦包含投入服务化。其中，投入服务化强调企业内部服务要素的有效组织与提供对于提升企业竞争力的作用已超越传统实物要素；而产出服务化则侧重于与产品相关联的外部服务如何有效提升产品价值，并日益受到消费者的重视。

（二）国内学者的阐述

国内学者也对制造业服务化现象进行了阐述，他们认为服务产出在制造业全部产出中的占比不断扩大，同时服务投入在制造业全部投入中的比重也在持续增长，这一趋势构成了制造业服务化的显著特征。

另有研究依据服务化所涉范畴，从企业及产业两个维度对制造业服务化现象进行界定。在企业层面，制造业服务化体现为制造业企业经由发展战略的深刻调整、内部机制的精心设计、业务与流程模式的创新突破以及组织能力的显著提升，逐步转型为不仅提供有形产品，更侧重服务或整体解决方案的综合供应商。而在产业层面，制造业服务化则凸显了服务环节在制造业产业链中地位的日益提升，进而成为驱动制造业价值创造与价值增值的核心环节。这一过程中，众多制造业企业积极推行服务化生产模式变革，共同构筑起"服务化制造产业"的崭新格局，进而促使一个国家（地区）的产业结构展现出第三产业比重显著增加的典型特征。

总而言之，学界对制造业服务化的内涵界定尚未统一，使用较广泛、表述较直观的定义是指制造业服务投入和服务产出比重增大的过程。因此，本书将制造业服务化界定为制造业通过优化流程设计和能力创新，增加服务投入和服务产出的比重，以获得价值增值的过程。

（三）评估制造业服务化程度的常用指标

相关研究常用制造业服务投入或服务产出来衡量服务化水平。服务产出比重很难衡量，通过服务产品种类、数量、收入份额构建核算指标，但受技术和数据限制，准确度低。因此，多从投入服务化角度衡量服务化水平。

通过投入产出表来计算制造业在生产过程中对服务要素的直接和间接消耗系数，是评估制造业服务化程度的常用指标。直接消耗系数反映了某一行业在生产一个单位产出时，对另一行业的直接需求量。具体而言，制造业在生产一个单位产出时对服务部门 i 的直接消耗系数，可表示为：

$$a_{ij} = x_{ij}/q_j \quad (2\text{-}1)$$

上式中 x_{ij} 为 j 制造业行业对 i 服务部门的中间使用，q_j 为 j 制造业行业的总产出。

完全消耗系数计算某行业生产 1 单位产出对另一行业的直接和间接使用之和。j 制造业对 i 服务部门的完全消耗系数计算公式为：

$$b_{ij} = a_{ij} + \sum_{k=1}^{n} a_{ik}a_{kj} + \sum_{i=1}^{n}\sum_{k=1}^{n} a_{il}a_{lk}a_{kj} + \Lambda \quad (2\text{-}2)$$

上式等号右侧第一项 a_{ij} 为 j 制造业行业对 i 服务部门的直接消耗系数，第二项为 j 制造业行业通过 k 行业对 i 服务部门的第一轮间接消耗，第三项为 j 制造业行业通过 k 行业再通过 l 行业对 i 服务部门的第二轮间接消耗，以此类推……直到第 n 轮间接消耗。里昂惕夫逆矩阵是简化完全消耗系数测算过程的有效方法，运用里昂惕夫逆矩阵可以将完全消耗系数矩阵写成以下形式：

$$B = (I - A)^{-1} - I \quad (2\text{-}3)$$

其中：A 为直接消耗系数矩阵，I 为单位矩阵，B 为完全消耗系数矩阵。完全消耗系数能全面反映制造业对服务要素的使用情况，是衡量制造业服务化的常用方法。但由于缺乏企业层面投入产出表，因此利用投入产出表计算完全消耗系数的方法只能衡量产业层面的制造业服务化水平，无法衡量企业层面。

二、制造业服务化的模式及特征

随着服务经济的快速发展,制造业正经历着深刻的变革,传统的商品需求模式、市场竞争策略、交易形式,以及价值创造和经营观念都在发生颠覆性变化。市场需求不再仅限于物质产品,而是更注重提供功能性和整体解决方案;竞争方式也逐渐从以产品和成本为核心,转向以差异化服务为基础的竞争。与此同时,产品的交易形式从一次性交易逐步转为基于长期合作的合同交易,这一变化体现了客户对产品功能和可用性的重视。此外,随着传统制造环节的价值创造空间缩小,服务环节逐渐成为企业价值增值的主导力量。最终,市场从卖方主导转向买方主导,推动制造企业从生产者导向向以客户需求为中心的经营理念转变。如图 2-1 所示。

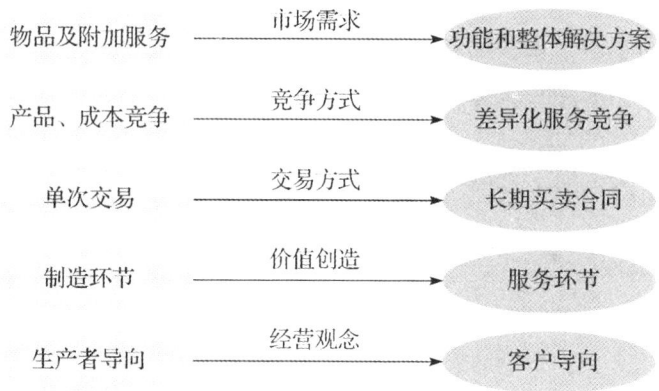

图 2-1 服务经济下制造业特征变化

正是在服务经济背景下,制造业所面临的内外部条件变化促使制造业企业进行服务化转型,这一转型进而决定了制造业服务化的主要模式。尽管制造业服务化的定义较为广泛,且目前的研究尚未形成统一的认识,但通常情况下,依据制造商所提供的服务范围以及服务化转型的深度,可将制造业服务化模式划分为以下三种类型。

（一）以产品为中心的服务化转型

以产品为核心的服务化转型，乃制造业生产模式变革的初始阶段，意指制造商的业务范畴由单一的有形产品向"产品+综合服务包"的综合性模式拓展。然而，此转型的精髓，仍聚焦于有形产品之上，服务则扮演辅助角色，旨在强化有形产品的价值实现（包括但不限于维护、修复与技术支持等服务）。在此阶段，交易行为的核心，依旧围绕着有形产品所有权的合法转移而展开。

以服务为核心的产品化服务模式，其本质是将服务深度融合至产品销售体系中，作为传统捆绑销售策略的深化与延伸。制造商致力于提供服务的核心目标，在于驱动实体产品的销售增长，深化客户联结，并增强有形产品在市场中的竞争优势。这一举措是在产品市场竞争态势日益严峻的背景下，制造商为稳固市场地位、实现持续收益而采取的战略性市场竞争策略。因此，对于传统制造商而言，为有效向市场推出此类服务模式下的产品，必须积极调整现有组织架构与业务流程，全面推动向服务化方向的转型升级。

（二）产品服务系统

产品服务系统，作为制造企业的重要组成部分，不仅涵盖了有形产品的供给，更深度延伸至产品全生命周期内的全方位服务，实现有形产品与服务的高度融合与集成，旨在精准对接并满足特定消费群体的需求，从而构建起一种创新性的生产体系。具体而言，产品服务系统可细化为三大类别。

1.产品导向服务系统

在此产品服务系统框架下，有形产品的销售遵循既定的传统模式，实现所有权的合法转移。与此同时，供应商需向客户提供全方位的服务保障，旨在确保有形产品在既定周期内能够充分发挥其效用。在此过程中，业务的核心聚焦于产品的销售环节，而服务的提供则是为了确保产品的卓越性能与高效应用，具体涵盖安装指导、维护支持及使用培训等关键环节。

2.使用导向服务系统

其主要特性在于供应商持续保有"实体商品"的所有权，仅向消费者转让该商品的"效用"或"使用权限"，并不涉及商品本体所有权的变更，因此可能存在多个客户依序或并行共享商品效用的情况。此种交易模式深刻契合了市场日益增长的特定需求，即"无需拥有商品，不愿承担商品维护、处置等费用，仅需短期获取商品效用"。譬如，通用电气公司为航空公司提供了基于发动机特定运行时间的飞行能力支持，而近年来蓬勃兴起的共享交通工具、共享休闲按摩设施以及办公设备租赁等，均是实践导向型产品服务系统的鲜明例证。

3.结果导向服务系统

在现代服务经济中，供应商与客户的交易模式发生了根本性变化，交易的对象不再是具体的有形产品或其功能，而是客户期望的某种特定"结果"。这一模式允许供应商在实现结果的过程中拥有更大的灵活性，无需事先确定具体的产品或服务形式。比如，供应商不再销售具体的制冷设备，而是承诺为客户提供一个"舒适的气候"，由此决定最佳的交付手段。

在现代制造业服务模式中，传统的产品所有权概念不再是交易的重点。随着导向从"产品导向"逐步转变为"使用导向"和"结果导向"，有形产品的重要性逐渐降低，取而代之的是对客户需求的深度理解和满足能力的提升。在这种模式下，企业的价值主张不再局限于提供产品或服务本身，而是通过优化资源配置，与客户共同创造更大的价值。

（三）一体化解决方案

一体化解决方案，亦称"交钥匙解决方案""全面服务合同"及"全面解决方案"，是制造业服务化进程中的高级形态，其核心在于供应商整合有形产品与服务，使客户无需直接获取产品所有权，即可通过服务享受产品功能及可用性，进而依据使用体验与所获效益向供应商支付相应费用。随着需求结构趋向多元化，制造业所面对的客户需求已超越单一产品及简单服务范畴，转而追求多种产品组合与协调运作所能实现的特定功能与结果。在此背景下，全面解决方案的供给能力已跃升为制造商在激烈市场竞争中脱颖而出的关键要素。

在此模式下，供应商所提供的远非单纯的"产品服务包"，而是深度契合客户定制化需求的复杂特殊供给。有学者进一步将一体化解决方案的供给细化为租赁、维护、绩效及运营等多个层面。

更有研究认为，该解决方案的特殊供给范畴广泛涵盖安装基础、解决方案系统平台、信息及服务等业务模块，通过这些模块的有机融合，共同为客户实现特定功能。然而，与产品服务包模式所体现的单纯产品与服务组合或捆绑销售策略相异，一体化解决方案强调各业务环节间的无缝融合，其核心聚焦于业务组合的综合效能与功能实现。此模式下，客户所获取的价值远超越传统服务包范畴，实现了价值的显著提升。

为赋予客户独一无二的体验与价值，供应商需与客户建立紧密且深入的沟通机制，精准把握其深层次需求。由此，供应商与客户之间构建起一种基于长期共生理念的契约关系，供应商不仅承担部分客户风险，更深度融入客户的业务体系之中，成为其不可或缺的关键组成部分。

三、制造业服务化的特征

尽管不同文献对制造业服务化的定义存在差异，并且根据服务与产品之间的相对重要性、所有权转移的涉及程度、产品与服务的组合方式以及服务化转型的深度，制造业服务化生产模式可以划分为多种类型，但大多数研究一致认为，在服务化生产模式下，制造商的角色定位和价值创造的来源经历了根本性的转变。产业链中的位置从单纯的产品生产者转变为服务提供者；价值的主要来源也从物质产品转变为功能和服务。因此，销售功能、服务和整体解决方案，而非仅仅销售实物产品，成为服务化制造业的一个显著特征。

表 2-1 总结了制造业服务化特征。根据界定，制造业服务化的生产模式分为服务化转型、产品服务系统和一体化解决方案三种。

表 2-1 代表性研究总结的制造业服务化特征

实质	定义	主要特征
服务化转型	以客户为中心提供商品、服务、支持、自我服务及知识的完整"包",以增加核心产品价值	①以客户为中心; ②由出售物品(或物品和附加服务)转向出售"物品服务包"
产品服务系统	从销售产品到产品服务系统的组织能力和流程创新,以更好地创造共同价值	①强烈的客户中心性; ②多产品供应商交付个性化解决方案; ③从面向产品的服务转为面向客户流程的服务; ④客户交互的实质从交易为基础转向关系为基础
产品服务系统	由有形产品和无形服务组成,它们设计并结合起来以满足特定客户需求	①商业创新重点是集成的产品服务设计策略; ②更多利益相关者参与,包括PSS发展和设计过程的客户; ③重视产品使用而非产品所有权
一体化解决方案	销售产品功能而非产品本身的新型商业实践	①制造商出售产品功能而非产品; ②制造商保留产品所有权; ③顾客根据产品使用情况付费; ④制造商提供产品相关服务而不额外收费
一体化解决方案	在核心产品中添加或集成服务	①企业由提供产品转向提供解决方案; ②由重视产品转向重视结果(保证产品可用性的长期契约); ③由产品交易转向关系处理; ④由单个供应商变成复杂服务网络参与者; ⑤由重视要素转向重视产业生态体系

四、制造业服务化的理论依据

制造业服务化的理论依据主要包括"微笑曲线理论""产业集聚理论"和"区域竞争优势理论"等。

（一）微笑曲线理论

该理论由台湾宏碁公司前总裁施振荣于 20 世纪 90 年代初期提出，其核心论点在于：业务流程中附加值的多寡主要取决于其在产业链中的定位。随着制造业从产品分工转向生产要素分工，不同国家或地区根据自身的竞争力选择在价值链中承担相应的环节。微笑曲线显示（如图 2-2 所示），附加值最高的环节位于产业链上游的产品研发与设计、核心组件制造，以及位于产业链下游的分销渠道运营、品牌管理、售后服务等环节，位于曲线的两端，往往能够产生更高的附加值，并因此获得较为丰厚的利润回报。而制造环节则处于曲线中部，附加值相对较低。

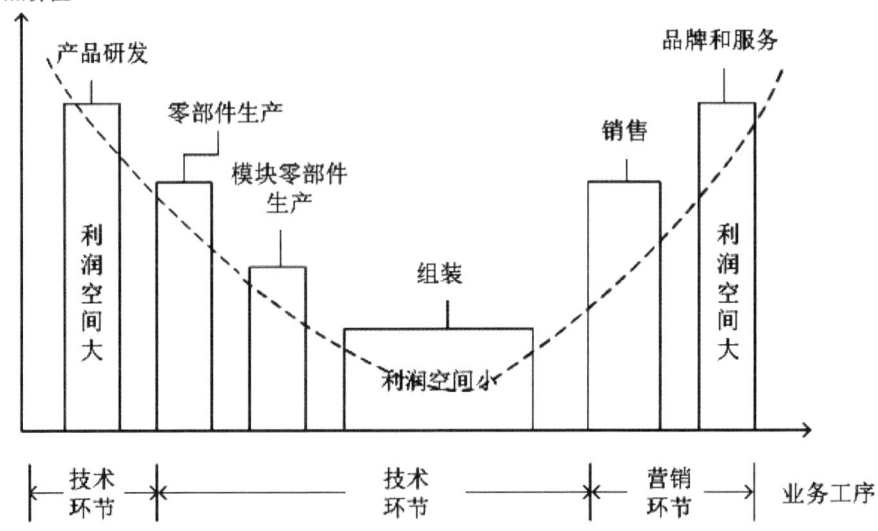

图 2-2 产业利润微笑曲线

(二)产业集群理论

产业集群理论最早可以追溯到 19 世纪末马歇尔的外部经济理论,到 20 世纪逐渐成为探讨的热点,理论观点不断趋于成熟。

1.外部经济理论

马歇尔在《经济学原理》中提出了外部经济理论,指出产业集群能够促进技术、信息和技能的快速传播,提升产业间的协作效率,并有助于人才市场的建立。克鲁格曼继承并扩展了马歇尔的理论,通过"规模报酬递增模型"详细分析了制造业地理集中的原因,并对比解释了制造业和农业的不同地理分布特点。

生产者聚集于特定区域所带来的多重优势,恰恰成为这种集聚现象背后的合理解释。这一本地化外部性的理念虽源远流长,但直至马歇尔时代方得以精准阐述。马歇尔所提的外部规模经济,包括生产要素、劳动力与市场的共享以及知识溢出效应所产生的外部性,旨在揭示那些超越单个企业、根植于整个产业层面的总体规模经济效应。简单来说就是同类产业在某一地域大量集聚后产生专业化集聚效应,伴随溢出效应的累积提升该地区经济增长和发展效率。

马歇尔视此为产业集聚的核心驱动力,并阐明一旦某产业在某地扎根,便倾向于在该区域长期繁荣。这源于人们发现与邻近者共享经济活动能带来显著优势,进而引发一种类似锁定效应的现象。追溯至马歇尔之前,屠能已对工业化前德国农业生产活动围绕城市布局的特点进行了深入研究,并对经济集聚现象提出了独到见解。然而,他并未明确界定外部性的概念,且其模型在解释市场形成机制时显得力不从心,因其在差异给定的框架下展开分析,本质上更接近于异质性前提下的土地使用模型。

2.聚集经济理论

聚集经济理论由韦伯、胡佛和巴顿等学者提出和发展。韦伯通过区位理论指出,技术设备的发展、劳动力的高度分工、市场因素和公共基础设施建设是促进产业聚集的四个关键要素。胡佛认为，产业集群能够通过规模效应产生显著的经济效益。巴顿则强调，地理上的集中不仅能激励企业进行改革和创新，还能增强企业与客户之间的联系与交流。此外，通信工具的使用能够加速创新在整个地区的传播和应用。

韦伯在《工业区位论》中，将区位因素细分为区域因素与位置因素。他认为，区域因素主要涉及运输成本与劳动成本，这两者对工业区位的选择具有显著影响。而位置因素则涵盖了集聚因素与分散因素，其中集聚因素又可进一步细分为特殊集聚因素与一般集聚因素。

特殊集聚因素，如交通条件的便利与丰富的自然资源，常被视为产业集聚的初始诱因。它们以其独特的优势，吸引着相关企业在某一地区形成初步的集聚。相比之下，一般集聚因素则更多地涉及经济层面的考量。当多个工厂在同一地点集聚时，这些一般性的经济因素能够促使各工厂间产生协同效应，从而带来额外的收益或成本的节约。这些因素构成了集聚现象持续发展的内在动力，推动着产业集聚向更高层次、更广范围发展。

胡佛进一步阐述了集聚经济的三种基本形态：

（1）企业层面的规模经济，即内部规模经济，指的是企业在扩大生产规模时所实现的成本节约和效益增加；

（2）本地化经济，与地区产业规模的规模经济相关，指的是同一产业中的不同企业集中于同一地区生产时，通过协同效应和资源优化配置所获得的经济利益；

（3）城市化经济，与地区整体经济规模相关的规模经济，指的是不同经济活动在某一地区集中时，通过多样化和专业化分工所带来的经济效益。

3.交易费用论

科斯和威廉姆斯提出的交易费用理论认为，产业集群通过集聚众多企业，能够增加交易频率并降低区位成本。此外，企业的地理接近性增强了市场机制的有效性，提升了信息的对称性，减少了交易中的弊端，从而有助于整体成本的节约。

根据威廉姆森的研究，交易费用的存在主要归因于三大影响因素：有限理性、机会主义以及资产专用性。有限理性，即交易参与者在追求自身效用最大化过程中，因个人情绪、偏好等内在限制而产生的约束条件。这一状态导致交易者难以全面把握契约的真实性与完整性，亦无法精准预测契约执行过程中的各种变数。因此，有限理性的存在不可避免地引发交易费用的产生，其影响贯穿于交易契约的始终。具体而言，这些交易费用涵盖了事前的谈判、签订等成本，以及事后的执行费用。

4.新竞争理论

迈克尔·波特在其"产业集群与新竞争经济学"中系统提出了产业集群理论，认为这种集群形式是对传统价值链的一种替代，能够通过提升效率、效益和柔性来创造竞争优势。产业集群的竞争优势来源于三个方面：首先，它能够提高企业的生产率，并促进信息的迅速传播；其次，集群内的竞争压力和比较推动了企业的持续创新；最后，集群还可以降低企业进入市场的风险，促进新企业的产生与发展。

在城市发展过程中，产业聚集现象通常被解释为地方化经济（Localization Economies）和城市化经济（Urbanization Economies）的结果。地方化经济基本上是产业专业化（specialization）发展的体现，与马歇尔提出的外部经济概念相呼应。它指出，随着经济水平的提高，工业部门对设备的专业化需求也随之增加，导致了专业生产和供应厂商的出现。随着产业链的不断扩展和深化，越来越多的企业在同一行业内聚集，并在地理上形成集中，这种产业集聚与产业聚集现象之间形成了相互促进的关系。

（三）区域经济竞争优势理论

在全球经济一体化的浪潮中，国家间的竞争愈发聚焦于区域层面的较量。该理论深度融合了比较优势理论、波特的竞争优势理念及潜在效益的释放，对竞争力的各个维度进行了深刻剖析。区域通过集聚经济的间接传导机制，巧妙地桥接产业层面的竞争优势与国家层面的比较优势，将两者熔于一炉，共同构筑起区域经济整体竞争力的坚实基石。

区域优势指的是一个地区所特有的条件及其在经济空间中形成的集聚效应。它包含两个主要方面：一是区域比较优势，这源于不同地区在地理位置、生产要素等方面的差异，从而形成的分工和贸易上的相对优势；二是区域竞争优势，即通过合理配置生产要素、企业、产业和市场等要素，不同地区能够实现的生产效率方面的优势。

区域比较优势本质上是静态的，其理论根基深深扎根于要素禀赋学说之中。而区域竞争优势，则展现出一种动态的魅力，它能够揭示比较优势的产生与变迁轨迹。其理论支撑，主要源自波特国家竞争优势理论在区域层面的灵活运用，以及与之紧密相连的产业集群理论。

在区域竞争优势的引领下，经济发展机制得以优化，有效应对了比较优势理论框架下区域经济发展所遭遇的垂直分工体系不合理问题。通过激活市场竞争机制，并精心构建地区竞争优势，我们得以促进横向分工的兴起，从而在竞争中推动地区间的协同发展。这一过程不仅有助于缩小地区间的发展差距，更能有效遏制因比较优势导致的纵向分工过度强化，进而避免地区经济发展差距的进一步拉大。

波特的国家竞争优势理论由要素条件、需求条件、支持性产业和相关产业、公司战略、结构与竞争、机遇以及政府这六大要素构成。鉴于该理论专注于探讨国家间竞争优势的根源，我们需认识到国家与区域的形成机制存在显著差异。国家层面的形成涉及诸多复杂因素，而一国内部区域的形成则往往更多地受到经济因素的驱动。

为了更准确地研究一国内部区域间的竞争优势，本书在波特理论的基础上进行了适应性调整。具体而言，将"支持性产业和相关产业"这一要素替换为"区域内关联及主导产业"，以期更精准地反映区域经济的内在联系与核心驱动力。同时，借鉴波特的"国家钻石"模型，构建了"区域竞争优势"模型，旨在为该领域的研究提供一个新的分析框架。

第二节　制造业服务化的发展动因

一、传统制造业选择服务化发展战略的原因

当那些专注于产品制造的传统制造企业决定实施服务化战略转型时，它们通常需要投入大量的人力、资源以及额外成本来调整生产模式。此外，它们还将面临来自服务供应商和服务市场的激烈竞争，这无疑增加了转型失败的风险。那么，为何制造业会选择采取服务化的发展战略呢？

（一）从经济逻辑的角度分析

随着资源禀赋的动态变化，发达国家的劳动力成本显著增加，导致制造业面临巨大的竞争压力。许多工业部门逐渐丧失了基于成本的国际竞争优势。为了规避成本竞争，发达国家采取了提升价值链分工层级的策略，专注于创新并致力于高附加值环节。此外，将服务融入制造业生产过程，成为一种有效的手段，进而促进了制造业服务化生产模式在发达国家的兴起。

制造业服务化的核心在于服务要素在制造流程中的持续融入与增强，这一转变显著体现在从微笑曲线中附加值相对较低的组装制造环节，向蕴含更高价值的设计、研发及高端服务领域的跨越。鉴于生产性服务固有的知识密集型特征，将其要素深度融入制造业价值链，能够借助专业化和规模化的双重优势，有效提升生产性服务的供给效能，进而在客观上促进制造业生产效率的飞跃，并加速创新成果的广泛传播与应用。

（二）从企业竞争策略的角度分析

从企业竞争策略的角度，将个性化服务融入传统生产制造环节是提升市

场竞争力的关键手段。通过这一策略，企业能够更精准地满足市场需求，从而吸引和留住消费者，同时在激烈的市场竞争中脱颖而出，实现产品的差异化。这不仅增强了企业的竞争优势，也推动了制造业向服务化生产的进一步转型和深化。

随着服务投资的不断增长，规模经济效应开始显现，导致边际成本逐步下降，从而使得整体服务中间投入成本减少。当大多数企业都采纳服务化战略时，整个行业将加速实现服务业与制造业的有效结合。特别是高端制造业，将更多地投入于专业化且高附加值的生产要素，这将显著提高制造业企业的国际竞争力。

（三）从环境友好型生产模式创建的角度分析

在创建环境友好型生产模式时，通过以服务要素替代传统资源要素，企业能够有效降低资源消耗和环境成本。这不仅有助于企业在面对严格的环境管制法规时保持合规性，还成为推动服务化发展的重要外部动力，为经济的可持续发展提供新路径。

早在19世纪50年代，制造商就开始尝试扩展业务范围至服务领域，以降低对分销商的依赖并强化客户关系。经过一百多年的发展，制造业所面临的内外部竞争和经营环境发生了深刻变化。这不仅促使制造业企业在微观层面实施服务化转型战略，也推动了国家和地区在中观和宏观层面实现产业结构的"软化"和服务化发展。这一演变过程是多重内外部因素综合作用的结果，反映了制造业在不断适应新形势下的转型需求。

通过对相关文献的梳理，可以明确制造业服务化调整的主要内在动力包括追求绩效最大化、获取竞争优势以及稳定客户关系。而外在动力则包括资源价格的上升、价值链分工的深化、知识经济的兴起以及日益严格的环境管制。这些内外部因素的共同作用，促成了以服务为基础的制造业生产模式的变革，推动了制造业向服务化方向的转型。

二、制造业服务化发展的内在动力

（一）追求绩效最大化

企业的核心追求是实现利润和绩效的最大化，这一目标驱动了制造业企业在生产结构和战略方面的持续调整和转型。早期研究普遍认为服务化能够在价值链后端创造更多的利润和收入，并与资源、技术、渠道等要素共同形成竞争优势。然而，随着数据可得性的提升，研究发现服务化与企业绩效之间并非简单的正相关关系，而是呈现出复杂的二次曲线关系。在服务化的初期阶段，企业可能会由于处理服务化战略和内部资源配置的矛盾，导致成本超过收益，从而出现盈利能力的下降。然而，一旦跨过初期阶段，服务化机制将开始发挥作用，最终使企业获得显著的竞争力和盈利能力提升。

尽管对制造业服务化对企业绩效的实证研究尚未达成一致，且部分研究指出服务化可能带来负面影响，大量价值链研究表明，"微笑曲线"两端的服务环节是核心的价值创造环节。因此，制造业企业通过增加服务比重和扩展生产范围至服务环节，可以有效提升整体链条的增值能力，从理论上来看，这种战略转型有助于改善企业的获利能力。

（二）获取竞争优势

在干中学效应和技术溢出效应的影响下，物质产品的生产逐渐趋同，导致市场竞争日益激烈。为了构建新型竞争优势，制造业企业转向服务化战略显得尤为重要。

一方面，服务化不仅帮助企业形成基于个性化服务的产品差异化，还通过设立个性化定制平台、模块化生产、体验式营销以及电商网站个性化推荐等手段，提升客户体验、提高市场进入门槛，并阻碍竞争者的进入，从而获取新型竞争优势。

另一方面，服务要素相对于资源要素来说，具有更高的知识技术密集度，并且作为人力资本、技能和知识资本的载体，能够有效地引导高端要素进入生产过程。随着高端要素投入比重的增加，制造业企业的竞争力和增值能力将得到显著提升。此外，服务化能够提高价值链各环节的协调效率、优化供应链管理、增强市场反应能力，从而进一步增强企业的竞争力。

总的来说，围绕客户个性化需求提供深度服务，并增加生产中的服务投入，是传统制造业企业获取新型竞争优势的有效策略。这种服务化生产模式不仅能最大限度地满足客户需求，还能推动企业向更高端的竞争领域转型。

（三）稳定客户关系

首先，制造业企业通过服务化战略配合有效的经营策略，可以锁定目标消费者、排除竞争对手，并稳定收益流。一个常见的策略是以具有竞争力的价格销售基础设备，同时通过提供专用零配件和售后服务来实现利润增长。企业在销售产品的同时，还打包提供相关服务，这种方法不仅提高了利润，还能有效吸引消费者。例如，汽车制造商通过设立 4S 店，不仅作为销售终端，还为客户提供全面的"终身服务解决方案"，这一策略帮助他们轻松锁定客户，实现长期稳定的收益。

其次，服务化战略不仅能加强客户关系，还能创造有弹性的收入流，并对竞争对手设置更高的市场准入门槛。通过提供专业化的服务，如产品的安装、维修和备件更换，制造业企业能够最大限度地满足消费者需求，并稳固客户群体。此外，随着产品的复杂性和技术含量的提升，消费者对技术支持服务的需求也在增加。因此，服务化企业应提供长期合约服务来保证产品性能和可用性，这对于建立和维持长期客户关系至关重要。

三、制造业服务化发展的外在动力

除了制造业企业内在因素的驱动，还有一些不可忽略的外部条件变化也对服务化现象的兴起和发展产生了重要推力。主要的外在动力包括资源价格上升、价值链分工深化、知识经济兴起和环境管制日益严格。

（一）资源价格上升

随着能源和矿产资源的日益紧缺，21世纪以来主要原材料的成本持续上涨，传统依赖大量自然资源消耗的工业经济模式已经难以为继。同时，各国提高最低工资标准，使得依赖低廉劳动力成本的经济增长模式不再可持续。与此同时，垂直专业化分工的深化推动了现代服务业的外包化和模块化发展，电子通信和现代管理技术的进步进一步促进了服务经济的繁荣。在规模效应和服务要素集群效应的影响下，服务要素的价格保持了相对稳定水平，为服务化发展提供了良好的外部条件。

资源价格的上升对制造业服务化发展产生了双重影响。首先，由于服务要素具有较高的智力密集度和附加值，且在资源消耗和环境污染方面表现优越，其价格相对稳定，因此在生产过程中逐步替代价格不断上升的资源要素，这导致服务要素的投入比重上升。其次，面对日益严峻的资源约束，制造商被迫开发和采用资源利用率更高的生产技术，使用可再生和可回收的零部件，优化生产工艺以减少资源消耗和污染排放。这些措施促使制造业企业将核心环节从传统的生产制造扩展至服务领域。

（二）价值链分工深化

第一，价值链分工通过改变产业转移模式，引起了服务环节比重的提高。在传统的产业间分工模式下，发达国家通常将竞争力较弱的夕阳产业转移至发展中国家，以专注于优势产业的生产。然而，在全球价值链分工的新模式下，发达国家不再整体转移整个产业，而是将产业链中的低附加值环节转移出去，同时保留高附加值的核心环节。服务环节由于处于"微笑曲线"的两端，成为典型的高附加值环节。发达国家因此不断投入服务要素及相关的技术、知识和人力资本，通过全球价值链分工和生产环节的转移，先行实现产业结构的服务化。

第二，全球价值链分工的深化不仅提升了服务业的生产效率，还成为服务业融入制造业价值链的基础。随着全球价值链的分工，服务业逐渐实现了专业化和外包化生产，从而迅速提升了生产规模和生产率。这些变化为服务要素融入制造业价值链提供了坚实的市场基础，推动了服务业与制造业的深度融合。

第三，全球价值链分工通过工序间的投入产出关联的匹配与融合，模糊了服务与制造的边界。当分工深入到产品工序层面时，上游环节的产出成为下游环节的中间投入，形成了紧密的投入产出关联。这种结构使得研发、工程、管理、会计、咨询、营销、安装和维修等服务要素逐渐渗透到价值链的各个环节，从而拓宽了制造业的业务范围。服务与制造之间的界限变得越来越模糊，两者实现了匹配融合，这导致了制造业中服务投入和产出比重的显著上升。

（三）知识经济兴起

1996 年，经济合作与发展组织（OECD）发布的年度报告《以知识为基础的经济》首次系统阐述了知识经济的重要性。报告指出，知识，特别是在人力资本和技术中体现的知识，是现代产业实现变革的关键外部条件，并且是推动制造业服务化转型的重要因素。由于知识和信息具有显著的价值创造能力，推动了产业结构向信息和知识产业的转移，导致了产业结构的软化。产业结构软化主要表现为第三产业比重的提高，显示出服务化趋势的增强。

知识经济对制造业服务化的发展发挥了重要作用。首先，知识经济显著提高了人力资本和技术的生产率，尤其在计算机、电子通信、航天和医疗等知识密集型产业中的表现尤为突出。这种生产率的提升促使企业将生产重心转向知识和技术密集型环节及服务环节，推动产业结构向更高形态发展，并提高了第三产业的比重。其次，知识作为技术创新的基础，通过创造、积累和应用，支撑了企业在研发创新、管理和技能提升方面的进步。特别是隐性知识，与技术概念形成、理念设计、产品体验和客户需求相关，是创新的重要源泉。最后，无形知识要素通过与传统生产要素的结合，影响了制造业的生产方式，推动了制造业与服务业的融合，促进了制造业服务化的发展趋势。

（四）环境管制日益严格

全球主要国家对环境治理的关注和努力是推动制造业服务化发展的一个关键动力。世界可持续发展商务委员会将"服务扩展"列为提升环境效率的四个重要因素之一，表明服务化不仅能优化生产模式，还能促进环境保护。文献分析显示，环境管制对制造业服务化的推动作用主要体现在制造商需要承担更多的环境成本。这种管制压力促使制造商转变生产模式，增加对服务环节的投入，以应对环保要求，从而推动制造业的服务化进程。

随着环保意识的提升，各国纷纷出台更加严格的环境管制政策，要求制造业承担更高的环境成本。传统制造业通常以大量消耗自然资源为代价，这不仅导致了低附加值，还造成了显著的环境成本。为了应对这些问题，各国的环境管制政策逐步进行改革，引入了环境和资源有偿使用制度。制造商需要承担更大的环境成本，包括生产过程中污染物排放的费用、自然资源破坏和环境退化的潜在成本（如资源税和破坏成本）、环境治理和恢复费用（如防护林建设和尾气净化器安装费用），以及产品的维修和处置费用等。这些措施推动了制造业生产模式的转变，加速了制造业服务化的发展。

为了降低环境成本，制造商开始重视研发和引进清洁制造技术，如节能和降污技术，旨在减少资源消耗与环境污染；在产品制造阶段，制造商倾向于采用耐用且易于回收的材料与设计，以延长产品使用寿命，降低维护成本，并最大化地利用废弃产品中的可回收组件；在废弃物处理方面，制造商致力于为消费者提供更为高效且安全的处理方案。通过实施产品维修、部件再循环、回收再利用以及产品升级等策略，制造商正推动制造业企业从单纯的产品制造向涵盖价值链服务环节的全面转型，加速制造业向服务化方向的迈进。

第三节　制造业服务化的经济影响

尽管制造业服务化往往被认为是西方发达国家的产业发展现象，但工业化程度较低的发展中国家正在迎头赶上。中国、印度、巴西、印度尼西亚等发展中国家的制造业服务化水平正在大幅提高，制造业服务化正成为一种全球现象。学界对制造业服务化的经济效应研究愈发重视，研究成果主要包括以下三个方面。

（一）制造业服务化有助于提高企业竞争力

制造业服务化有助于提升企业竞争力，是一种有效的竞争策略。在传统产品生产中融入差异化服务，可以更好地满足客户的个性化需求，增强产品的使用体验，并加强客户关系管理。此外，差异化服务能够降低产品被模仿和复制的概率，从而有效阻碍竞争者，提升产品的市场竞争力。因此，服务化被视为一种新型的企业竞争策略。国内的实证研究也证实了制造业服务化对企业竞争力的积极影响。

（二）制造业服务化对企业绩效和利润提升存在不利影响

尽管理论分析指出制造业服务化能够提升企业的经营绩效，然而，实证研究揭示了服务化模式可能对企业的绩效和盈利产生不利影响，这一现象被称为"服务化悖论"。研究发现，服务化通常会增加企业的经营成本和管理难度，导致生产效率下降，进而使得服务化程度的提高与企业绩效的下降之间存在负相关关系。Neely 等的相关研究表明，服务化的负面影响包括核心技术和资源重新配置带来的政治成本、大量投入导致的生产经营非效率、管理难度的增加以及市场对服务产品认知有限等问题。此外，管理层的忽视、组织设计和信息技术的滞后以及管理能力不足等因素也可能导致"服务化悖论"问题的出现。

(三) 制造业服务化能产生环境改善效应

制造业服务化不仅能提高产品性能和延长产品生命周期，还能够带来显著的环境改善效应。服务化模式通过推动使用耐用材料、提供售后维修服务以及实施回收和循环利用，帮助减少资源消耗和污染物排放。例如，White 等（1999）指出，服务化促使企业采用更耐用的材料和设计，同时提供的售后维修服务提升了产品使用寿命，减少了材料和能源的消耗，并通过回收和循环利用降低了废弃物污染。Fishbein 等（2000）则认为，服务化模式对耐用品的生产和消费有助于缓解经济增长对环境的负面影响。而 Brouillat（2009）强调，维护、修理和修复等服务能有效延长产品的使用寿命，降低生产和使用中的环境影响。制造业中的一些实践，例如化学化工品企业通过安全管理服务减少有害污染物的排放，也证明了服务化生产模式对环境性能的积极影响。

制造业服务化作为当前全球制造业生产模式的一项重大变革，具有广泛而深远的经济影响。现有研究主要聚焦于服务化战略对制造业企业本身的影响，部分环境经济学文献也探讨了其对绿色经济模式的贡献。制造业服务化不仅推动了制造业向高端、复杂、多样化方向发展，还促进了制造业与服务业的融合，实现了产业的"软化"。此外，通过对制造业服务化的分析，可以看出它对人力资本积累、技术创新、需求结构改善及全球生产网络决策等方面都有积极影响。随着服务化范围的扩大和程度的提高，其经济影响可能会突破制造业企业本身，进一步对国家和地区的宏观经济产生深远作用。

第三章　制造业服务化：探索可持续发展

第一节　中国制造业服务化发展的现状

一、从生产型制造到服务型制造

在当前全球经济环境中，生产性服务业已成为最具活力和增长最快的领域之一。制造业的服务化趋势逐渐显现，并催生了服务型制造、生产服务业、制造即服务等创新模式。其中，服务型制造通过将产品与服务进行融合，并强调客户的全程参与以及企业之间的协作，能够有效整合和协调分散的制造资源。该模式不仅提升了制造过程的开放性和效率，还增强了价值链中各环节的增值能力，进而提升了企业的核心竞争力。这种模式的实施代表了制造业向更高层次的服务化发展迈进的趋势。

服务型制造业的核心模式之一是业务流程外包（BPO），这种模式允许企业将非核心的业务环节（如生产、营销、设计、开发、IT 支持和保养）外包给专业第三方机构。这种做法不仅有助于提升整体业务效率和优化资源配置，还能促进企业之间的协同合作，降低成本，并利用外部专业机构的服务提高整体价值链的效益。

传统上，制造业被视为单纯的生产加工过程，但实际上，制造还包含了服务环节，使得制造可以被表述为"生产+服务"。随着经济向服务和体验经济转型，制造中的服务部分逐渐显现出其高端价值，远高于生产加工环节。

具体来看，生产加工在整体价值中仅占三分之一，主要价值则由服务环节创造。而从时间分配上看，生产过程仅占10%，而服务过程占据了90%的时间。分析我国制造业的现状，我们可以看到，制造业仍然受到传统以生产为中心的观念限制，未能充分实现服务化转型，这也是为何我国尚未成为制造强国的原因之一。

（一）服务业在我国实现快速发展

从数据上看，我国服务业在国民经济中的比重不断上升，已经形成了三二一的产业结构。2011年，我国第二产业占比约46.5%，比重仍高于第三产业占比的44.3%。自2012年后结构发生根本改变，成为我国三次产业格局变化的重要节点，第三产业占比45.5%首次超过第二产业占比45.4%。2012年以后第二产业比重与第三产业比重差距持续加大，随着第三产业比重持续上升，截至2022年两者比重分别为52.8%和39.9%，服务业在我国经济结构中已占有主导地位（如图3-1）

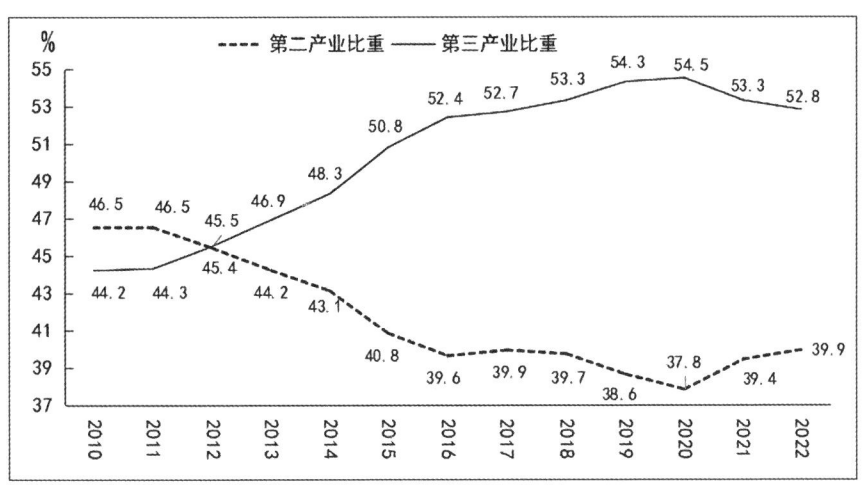

图3-1 我国第二产业和第三产业增加值占GDP比重

资料来源：《中国统计年鉴》

（二）生产性服务业在国民经济中的比重不断提高

生产性服务业在国民经济中的比重不断提升最直接的影响就是对我国制造业附加值提高具有重要的促进和带动作用。根据国家统计局数据显示，生产性服务业在我国服务业中占据极为重要的地位，重点生产性服务业增加值占我国生产总值的比重合计超过35%（见表3-1）。各细分生产性服务业中，比重排名第一的是批发和零售业，其次是金融业、房地产业。值得关注的是，在传统生产性服务业保持稳定的同时，信息技术服务业、租赁和商务服务业等知识密集型生产性服务业的比重在逐年稳步上升。

表3-1 我国细分服务业增加值占GDP比重

	2017	2018	2019	2020	2021	2022
批发和零售业	9.8	9.7	9.7	9.5	9.7	9.5
交通运输、仓储和邮政业	4.5	4.4	4.3	4	4.1	4.1
住宿和餐饮业	1.8	1.8	1.8	1.5	1.6	1.5
信息传输、软件和信息技术服务业	2.9	3.1	3.4	3.8	3.8	4.0
金融业	7.8	7.7	7.7	8.2	8.0	8.0
房地产业	6.9	7	7.1	7.2	6.8	6.1
租赁和商务服务业	3.0	3.2	3.3	3.2	3.1	3.2

资料来源：《中国统计年鉴》

（三）不同制造行业的服务投入水平存在差异

以投入产出完全消耗系数为评估工具，深入分析我国各制造业细分行业的服务投入状况（详见表3-2）。分析结果显示，不同制造行业间的服务化水平存在显著差异。其中，机械设备、交通运输设备、电子电气及其他设备制造业以其卓越的服务投入水平脱颖而出，成为整体服务投入最高的行业。这些行业的主要服务投入聚焦于科学研究和技术服务，并辅以信息传输、软件和信息技术服务等高附加值生产性服务，充分展现了其作为知识密集型高技术制造业的典型特征。

相比之下，纺织、服装、鞋及皮革羽绒制品，以及非金属矿物制品等行业在服务化方面的增长较为迟缓，其服务投入水平相对较低。究其根源不难发现，这些行业多属于传统的劳动密集型制造业范畴，对知识和专业服务的依赖程度较低，因此在服务化转型方面不够积极，步伐缓慢。

表 3-2 我国制造业分行业投入服务化水平

	行业名称	批发零售、运输仓储邮政	信息传输、软件和信息技术服务	金融和房地产	科学研究和技术服务	其他服务
1	食品和烟草	0.025855	0.029673	0.023354	0.044402	0.103851
2	纺织、服装、鞋及皮革羽绒制品	0.016852	0.015769	0.018205	0.027004	0.044808
3	木材加工、家具、造纸印刷和文教工美用品	0.024773	0.063074	0.040634	0.039914	0.067300
4	炼油、炼焦和化学产品	0.132936	0.077965	0.052573	0.232449	0.206884
5	非金属矿物制品	0.006134	0.007154	0.004097	0.015774	0.009388
6	金属冶炼、加工及制品	0.039914	0.052410	0.019139	0.116654	0.057849
7	机械设备、交通运输设备、电子电气及其他设备	0.141848	0.204320	0.041461	0.305788	0.138190
8	其他各类制造产品	0.004910	0.005864	0.003639	0.019865	0.010150

资料来源：根据《中国统计年鉴》计算获得

二、中国制造业服务化面临的问题

（一）服务业在国民经济中的占比与发达国家有差距

近年来，我国服务经济规模持续增长，并在国民经济中的比重逐渐增加，深刻改变了我国新时期经济发展格局。尽管如此，与美国、德国等发达国家相比，我国服务经济的发展仍存在一定的差距（见图 3-2）。以服务业增加值占 GDP 的比重为例，2017-2021 年美国的服务业增加值占比始终保持在 77% 左右，德国保持在 63% 左右，对比之下我国的服务业增加值占比保持在 53% 左右，显著低于美国和德国约 24 和 10 个百分点。从服务业内部结构来看，目前北美欧洲等许多国家完成了从基础服务业向专业服务业的转型，亚洲南美等地国家正在经历这一进程。就中国而言，批发零售、运输仓储、住宿餐饮等传统服务行业占 GDP 的比重总体呈下降趋势，而科学研发、信息技术、金融与保险、商务服务等专业服务业的比重则持续上升，这反映了我国服务业结构的不断优化和升级。

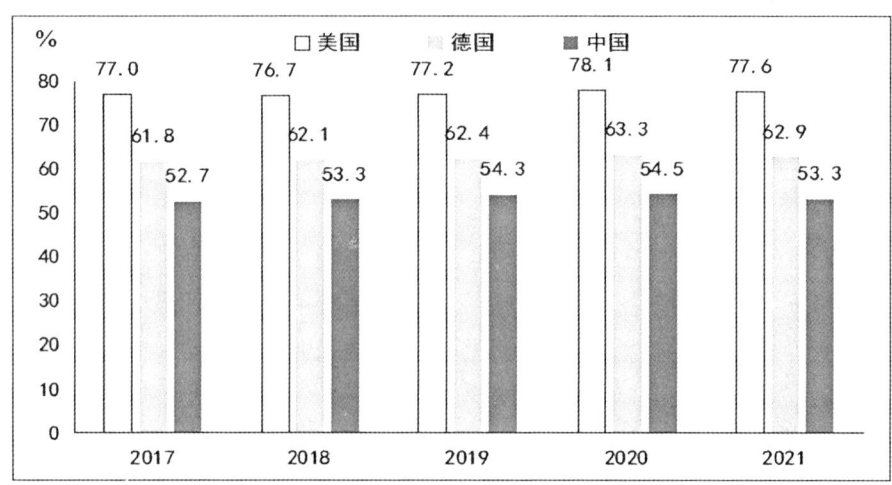

图 3-2　美国、德国、中国服务业增加值占 GDP 比重

资料来源：万得数据库

（二）制造业的服务投入水平仍不高

亚洲开发银行的分析报告认为，发达国家的制造业的服务化投入水平普遍高于发展中国家。在过去十年中，主要经济体在这一领域的表现持续上升，美国和中国等国家的增长尤为突出。近年来如雨后春笋般涌现的服务化制造新模式、新业态深刻改变着全球经济发展趋势，数字化、人工智能等新技术的运用极大促进了服务化制造的区域普及。但也需要承认，目前我国在与部分发达国家的比较中仍处于后发位置，相关数据也明确显示我国制造业的服务化投入水平为 0.38，德国为 0.53，美国为 0.41（参见图 3-3）。具体来看，我国与德国在服务化投入水平上差距较大，与美国水平相当，同时略高于日

本同期水平。近年来我国在服务化投入方面取得了较好的发展，在发展中国家中处于领先地位，甚至在某些方面超过了部分发达国家，但与先进国家相比仍有较大差距。从各国经济体量和发展态势来看，我国服务化投入仍有巨大潜力，完全有能力通过增加高端服务要素的投入，加速制造业的技术进步和转型升级，实现服务化制造。

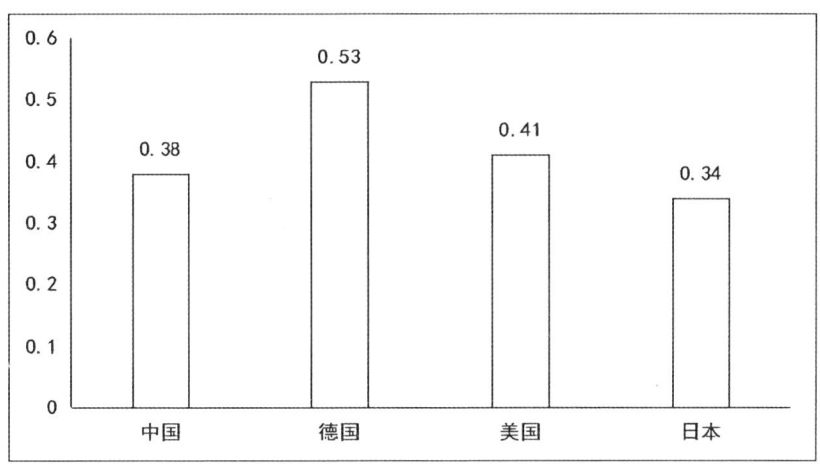

图 3-3　我国与部分国家制造业投入服务化水平比较

资料来源：《制造业投入服务化的内在动因、典型事实与可行策略》

（三）服务投入与制造业发展内在联动不足

服务投入的关键在于刺激制造业创新发展，进而提升整体经济效率。作为制造业的关键辅助领域，我国生产性服务业在推动制造业发展方面的作用尚显不足，两者之间的内在联系与协同效应有待加强。受"三来一补"、"世界工厂"等经营模式的影响，在很长一段时期内我国劳动密集型部门间存在较为密切的的要素互动，由于高新技术机构和企业起步较晚，知识和技术密集型部门的互动效率较低。具体来看，装备制造业互动效率方面，交通运输、仓储和邮政业表现最为突出，紧随其后的是金融业、租赁和商务服务业以及科学研究和技术服务业。相比之下，信息传输、软件和信息技术服务业与装备制造业的互动效率则有待提升。

此外，已有研究还发现，生产性服务业的不同子行业对我国制造业的影响存在显著差异。其中，租赁和商业服务业对制造业的溢出效应尤为显著，而金融等服务业对制造业的支持力度则有待进一步加强。这一现状表明，现阶段服务化水平对我国制造业的带动水平有限，我国制造业的投入服务化仍处于较低层次的循环之中，与发达国家所展现的高端生产性服务与制造业之间的紧密互动循环相比，尚存在较大的提升空间。

三、制造业服务化转型升级

（一）制造业服务化转型升级的表现

在国内，制造服务业作为一个新兴领域，目前仍处于起步发展阶段。然而，随着经济转型升级的推动，越来越多的企业已经意识到服务化转型的重要性，并开始在这一方向上进行布局。尽管如此，整体上，制造服务业的转型仍处于初级阶段，尚未完全成熟，主要表现如下。

一是装备制造业在向集成服务拓展和转型方面整体推进力度不足。尽管国内在产品研发和技术创新方面取得了一定进展，但在价值链拓展、集成服务、整体解决方案和零部件定制服务等领域仍然存在明显短板。这导致目前尚未涌现出大量专注于提供集成服务和系统解决方案的企业。

二是许多实力雄厚的大型企业集团在追求短期利益的驱动下，对新兴产业领域的拓展力度明显不足。这些企业更倾向于投资房地产等能够迅速带来丰厚回报的领域，而对医疗健康、消费、金融服务等需要长期投入和发展才能见效的新兴高增长领域关注不足。这种局限性也阻碍了他们通过多元化战略布局实现制造服务业的真正转型。

（二）制造业服务化转型升级的制约因素

要推动制造服务业发展，企业需要拥有独特的核心技术以提供差异化和个性化的集成服务。然而，目前中国制造业虽然规模庞大，但在技术、资金和行业话语权方面仍然薄弱，无法为用户提供具有独特优势的产品和服务。这导致许多企业只能参与集成服务的部分工作，难以独立为用户提供完整的系统解决方案，从而限制了制造服务业的全面发展。

企业在服务化转型过程中，资金不足和缺乏应对风险的能力是重要的制约因素。尽管在经济新常态下，大多数企业渴望参与具有广阔发展前景的新兴产业，并且有着强烈的服务化转型升级意愿，但新业务的开发不仅需要大量资金投入，而且短期内难以获得回报。与此同时，企业还需面对技术开发、市场波动和经营管理等多重风险。这些挑战让许多企业在推进制造服务业发展时犹豫不前，难以做出果断的转型决策。

四、中国制造业服务化可持续发展的必要性

（一）增加制造业核心竞争力的必由之路

服务型制造正在成为我国经济发展的新引擎，推动国内产品和品牌在市场中的竞争力显著提升，并为我国实现从制造大国向制造强国的转变奠定了坚实基础。过去，我国制造业受益于人口红利，能够持续向全球市场提供价廉物美的产品，但由于缺乏科技与创新的投入，这些企业长期在国际产业价值链中处于低端环节，获得的回报相对较低。随着人口红利的逐渐消失，土地、厂房和设备成本的快速增长，我国制造业企业正面临着严峻的挑战，急需通过创新和转型升级来应对这些潜在的危机。

为了确保我国经济的持续稳定发展，必须推动供给侧结构性改革，引导制造业企业从低端产业的同质化竞争和价格战中解脱出来。企业不应仅局限于提供简单的产品与设备，而是要更加关注产品全生命周期的服务，提供多样化的服务解决方案。通过以创新为驱动，提升制造水平与生产效率，拓展更多的增值服务，制造业企业能够有效提升客户价值，进而增强其核心竞争力。这一转型将有助于我国制造业企业在国际产业价值链中逐步迈向中高端位置，实现更高层次的发展。

（二）提升信息化水平的必然选择

信息化水平的提升对制造业企业的发展起着关键作用，尤其是对于个性化定制、产品全生命周期服务以及网络化协同制造等具备更高溢价能力的增值服务，信息化是不可或缺的基础。服务型制造顺应了智能制造和绿色制造的发展潮流，重点在于提升企业的价值创造能力，围绕制造及产品开发提供更优质的服务。尽管国内部分服装和装备制造企业在定制化服务方面已取得了一定成效，但仍普遍存在柔性制造能力不足、定制层次较浅、成本过高、交货周期较长等问题，限制了其进一步发展的潜力。

云制造服务和信息增值服务将在未来释放出巨大的潜力，尤其是在制造型服务领域。专注于细分领域的中小企业将成为这种服务模式的主要受益者，通过利用大型制造型服务供应商提供的工业云服务，这些中小企业能够更广泛地参与到价值创造的各个环节中。借助这一模式，中小企业不仅能够承接国内外企业的非核心业务，还能显著提升其市场竞争力。这一转变对于我国经济的发展至关重要，能够推动中小企业在全球市场中占据更加有利的位置。

（三）参与全球产业链、价值链争夺的必然要求

当前，全球制造业格局正经历深刻的变革，全球经济与贸易环境也随之发生了显著变化。大国之间对全球产业链和价值链的竞争主要集中在制造业领域，推动了新一轮的战略调整。以美国、德国和日本为代表的发达国家在2008年国际金融危机后，纷纷推出了"再工业化"战略，例如美国的"先进制造业伙伴关系计划"和德国的"工业4.0"战略，旨在重新占据国际竞争的制高点。同时，印度和越南等新兴经济体则凭借其低廉的劳动力和土地成本，迅速推进工业化进程，加速融入全球制造业格局。

全球正在经历新一轮的产业革命和技术革命，这些变革深刻地影响了全球的分工格局。传统的分工模式，即发达国家主导技术、高收入国家主导市场、发展中国家提供劳动力，正在被新技术所打破。云计算、新材料、数字

信息技术和3D打印等新兴技术推动了智能制造、全球化营销、分散化生产和制造业服务化等新发展趋势。这些趋势使得美国、日本、英国和德国等制造业高端国家在新兴领域中展现出显著的相对竞争优势，进一步巩固了其在全球制造业中的领先地位。

在当前全球经济和技术格局剧变的背景下，我国必须寻求全新的发展路径，以创造新的经济增长动力和竞争优势。制造业作为这一转型的重点和难点，其调整和创新不仅是经济发展的核心，也是提升国家综合国力、保障国家安全、建设世界强国和实现两个百年奋斗目标的关键。推动制造业的持续发展和转型升级，对于我国在国际竞争中获得优势、实现长远目标具有深远的意义。

第二节 制造业服务化驱动高质量发展的机遇与挑战

一、制造业服务化驱动经济转型发展面临的挑战

经过40年的迅猛发展，中国的制造业已经成为国家经济的核心支柱，为中国贡献了超过30%的GDP，并在全球制造业中占据20%的份额，位居世界首位。然而，这一领域的高速增长也带来了新的挑战。宏观层面上，这些瓶颈主要体现在以下方面。

（一）服务化成本高

一是在经济发展的历程中，制造业往往先于服务业崛起，经济体系中的制度框架、基础设施等大多依据制造业的特性与需求而构建。因此，当制造业逐步向服务化转型时，可能会面临服务化成本高昂的挑战，进而削弱其在市场中的竞争力。

二是服务业所具有的独特属性造成企业服务成本长期高企,包括以人才和设备为载体的高新技术在存储、传播、扩散过程中消耗的巨额成本,以及不同行业异质性导致的技术利用偏好等。此外还要考虑科学技术快速迭代引发的现有技术贬值淘汰所付出的沉没成本。

三是服务业与制造业联动方面存在着先天困境。服务化制造的核心在于将先进生产性服务的无形性和异质性对应传统制造业的具体作业流程,但不可忽视的是服务业的劳动生产率通常低于制造业,极易在匹配过程中付出过于高昂的代价。需要澄清的是,这一普遍现象并非相关企业对服务成本控制不力或企业管理不善,而是服务业与制造业固有的劳动生产率差异所致。目前已有众多企业关注到此类问题,提出利用数字化技术弥合制造业与服务业间的效率鸿沟,但不可否认的是这一问题将在很长一段时间继续存在。

四是实施服务化战略过程中的大量损耗需要得到重视,现阶段我国制造业由传统制造向智能制造迈进已形成不破不立、早破早立的发展局面,新型制造业企业获得核心竞争力必须对原有的组织架构进行深刻的变革,无论从上到下还是由下至上这一过程都将不可避免地消耗大量的管理精力与财务资源。

五是供应链争端将日益凸显。我国服务供应商正在经历从"蓝海"到"红海"这一历史发展阶段。市场的不理性和无序化往往导致服务化竞争处于混乱局面,具体表现为企业在扩展服务产出过程中,将不可避免地遭遇现有服务供应商的竞争。从这一角度看,如果服务成本长期超过服务收益,将严重危害国内制造业服务化生态,对我国制造业服务化战略构成严重威胁。

(二)组织文化和变革冲突

从国际发展经验来看,服务业尤其是现代生产性服务业的核心理念是服务交换,即在交换的过程中发挥服务价值。制造业却与此截然不同:朴实地产出相应实体产品供给消费者,从而获取利润,并且产品只是企业实现服务传递的媒介。前文业已分析过这一问题,由于生产效率的固有差异,服务业和制造业存在先天的联动障碍，特别是当这两种截然不同的规范与价值体系相遇时，它们之间的潜在冲突被视为主流文化与反主流文化之间的碰撞，这种冲突必然在很大程度上对企业的服务化转型进程构成了影响。企业管理者往往会陷入该冲突所造成的两难境地，是坚持以传统制造业的产品至上理念还是以现代服务业的技术交换理念来经营方向，成为服务化制造企业管理者面临的一项重大抉择。

总结经验不难发现，现阶段制造业服务化变革面临的风险主要源于两个方面。第一，制造业和服务业在生产效率、核心理念等方面存在天然的区别，需要在企业架构、产品体系、产业结构、政策扶持等方面开展全面变革，我国实现制造业服务化进程必然会荆棘丛生，困难重重。第二，从微观的企业视角看，各服务化制造企业需要迫切变革企业目标、组织结构和工作流程。职位目标和考核标准变更将不可避免地影响原有部门的资源和利益分配，威胁到具体员工的切身利益。受制于新技术较高的学习成本，极易导致部分部门或员工对制造业企业服务化转型产生抵触情绪，甚至采取消极行动，致使变革失败。

（三）价值链各环节的利益冲突

制造业服务化推进过程中将引起价值链各环节的利益冲突。由于产业链网络的存在，单一企业的投入产出发生变动必然波及全链路价值体系。价值链各环节的利益冲突主要体现在以下几个方面：首先，服务化制造重点产出高附加值产品，由于单一产品价值较高且工艺复杂，企业倾向于减少产品产量，这可能对价值链上游的要素供应环节和下游依赖产品销售、售后服务等获取利润的代理、销售等环节造成利益损害。其次，由于未来企业提供产品方式产生重大改变，以单纯销售转向销售、租赁并举，消费者对服务化产品购买方式的接受度存在差异。一般而言，制造企业在推进服务化时，由于服务产品的特殊性质更倾向于通过租赁方式提供物品功能，而非直接销售物品本身。消费市场需求分化明显，部分客户倾向于租赁服务，而另一部分客户则坚持购买产品，这种差异引发了利益冲突。最后，政府部门的采购政策也倾向于采购新产品，而非再制造产品，这进一步加剧了价值链各环节的利益冲突。

（四）两业融合生态体系尚未成型

当前，生态体系建设存在发展不平衡、协同能力不强和体制机制不通畅的问题。在两业融合的背景下，传统的国企服务外包和现代的制造业服务化与服务制造化是主要表现形式。它们集中体现在设备维护、生产敏捷反应、物流系统快速响应等综合化服务平台，以及产品全生命周期管理、研发外包、企业数字化改造和整体解决方案等领域。这种新的生产组织形式对传统的生产方式带来了冲击。

传统制造时代缺乏外部服务型企业，制造业企业主要选择内部研发提升产品附加值，获得利润较为有限。新发展时期市场存在大量提供定制服务的技术服务商，提供的技术支持相对自主研发更为便捷，所以制造业企业更倾向选择技术外包解决实际问题。典型案例包括目前众多国内电动车企业对电动机、电池包等主要零部件实行外购组装，同时由相关技术企业提供智能驾驶辅助系统方案。然而，随着定制化服务逐渐深入可能使制造业企业对外包服务依赖度上升，进而推高服务外包成本，造成生产成本显著提升。因此，制造业企业需要不断在自主研发和外包服务中作出选择，以适应这种产业融合带来的新模式。同时，这种组织形式对市场监管提出了新的挑战，如何优化决策流程、降低沟通成本、搭建高效资源配置平台、完善监管体系，并设定适当的边界和底线，成为当前亟待解决的问题。

二、中国制造业服务化面临的机遇

（一）发达国家智能制造战略方兴未艾

以美国和德国为代表的发达国家率先引领了全球范围内的制造业服务化

浪潮，并牢牢占据主导地位。2006年美国率先提出了CPS（信息物理系统）这一重要概念，为后续的数字化进程奠定基础。CPS概念的主要内容就是连接了现实与虚拟世界，允许人们在虚拟世界中实现类似现实的活动，如远程办公和虚拟会议。这一技术的核心在于突破虚拟与现实的边界，推动了现实与虚拟的深度融合。经过多年的发展，CPS的理念已经演变为当下广受关注的"元宇宙"，进一步强化了虚拟与现实的交互体验。

德国作为"工业4.0"概念的发源地，于2013年发布了关于实施这一战略的报告，强调产业融合创新为核心。作为传统制造业强国，德国的方案是通过利用物联网、互联网、云计算等智能技术改造传统制造业，以数字化手段实现全国制造业智能化，逐步推进智能产品和通信网络的融合应用。期间提出雄心勃勃的"工业4.0"计划，其最终目标是使制造业与现代服务业高度融合，价值链各个环节实现高度协同，通过先进的数字化手段精准控制生产流程，实现更高效的定制化生产，推动工业全面升级。

总体来看美国的CPS战略和德国的工业4.0战略有相似之处，也各有特色，体现了两国在产业结构上存在显著差异。美国的优势在于具有强大的信息产业体系，汇聚了大量可用于制造业转型的尖端技术，尤其是注意布局网络和信息技术，实现虚拟技术与现实制造高度融合。德国另辟蹊径，在自身强大的制造实力基础上借助数字化技术加以改造提升，使其更加智能和高效。尽管两者在战略路径上立足自身国情有所不同，但最终殊途同归，都是通过在工业体系嵌入高端信息技术和服务要素，推动传统制造业向更高阶的数智化发展，促进产业革命的实现。

（二）智能制造的本质是高级服务要素嵌入制造业价值链

智能工厂集成了众多智能生产设备，通过互联构建起一个大型的制造系统。每个设备不仅独立承担特定的生产任务，还与其他设备紧密协同，从原材料供应到生产和运输等环节，实现无缝衔接。与传统工厂相比，智能工厂依靠智能互联，具备更高的灵活性和生产效率，能够灵活调整生产流程，满足个性化的需求，实现大规模柔性制造。

相比智能工厂较为单一的概念，智能服务网络在制造业服务化的运用更为广泛，它不仅包括具体环节的生产流程，还涵盖了制造设备与产品的全生命周期及全产业链服务。例如近年出现的"新质互联网"概念，它一方面连接传统的网络用户、系统、应用，维持传统网络连接，另一方面连接广泛的算力资源和数据，消除了理论上物理边界。其业务模型更强调信息的产生、爆发、重组、流动，从而极大地改变网络的整体结构和技术需求。在以新质生产力为支撑目标的前提下，"新质互联网"体现了人工智能与网络协同发展的趋势，进一步扩展了网络的连接主体和服务形态，并在新场景需求中不断带动网络的技术创新。

在智能服务网络的框架下，制造流程实现了厂商到顾客、顾客到厂商的双向流动。服务化制造从顾客需求出发，积极收集市场信息，借助大数据分析精准刻画用户形象，把握顾客的消费习惯与需求。在服务化制造理念下实现定制化生产，一方面可以开拓市场，降低成本，同时还能强化与用户的互动，进一步推动产品更新概念设计与功能规划，提升用户满意度。这一过程相对于传统企业生产–销售–再生产的单一链条实现了从顾客到厂商的信息逆向流动。更为重要的是，智能服务网络中不存在服务的终结，一代产品的售出只是新一代产品生产的开始。通过全生命周期的信息服务管理，产品的使用状况、损耗情况等信息得以多渠道反馈给生产企业，为下一代产品研发生产奠定基础。这一闭环机制不仅提升了企业的响应速度与服务水平，更增强了顾客的满意度与忠诚度，为企业构建了难以复制的竞争优势。

第四章　区域经济高质量发展概述

第一节　区域经济高质量发展的概念和内涵

一、发展与高质量发展的概念界定

（一）发展的概念

要界定发展的概念，首先要从经济增长说起。经济增长指的是社会财富的增加，通常通过实际国内生产总值（GDP）的增长率来衡量。有时也通过实际国民生产总值（GNP）的增长率进行反映。使用"实际"数据的目的是消除价格因素对 GDP 或 GNP 变化的干扰，以更准确地反映经济增长的真实情况。此外，为了评估一个国家的富裕程度，常采用人均 GDP 或人均 GNP 指标，即将实际的 GDP 或 GNP 除以国家总人口，以提供关于人均财富水平的更加直观的衡量。

与经济增长相比，经济发展的概念更加全面。经济发展不仅涵盖基本的经济增长，还包括以下内容。

第一，投入结构的变化。主要体现在劳动方式的演变，从最初的简单劳动逐步转变为复杂劳动；生产方式从传统手工操作进化为现代机械化操作；技术投入从劳动密集型发展到资本密集型和知识密集型。此外，生产组织和管理形式也经历了从小作坊生产到公司集团化的转变。这些变化标志着经济发展在提高生产效率、优化资源配置和推动产业升级方面的不断进步。

第二，产出结构的变化。这种变化主要表现在第一产业、第二产业和第三产业在国民经济中的比重不断调整。随着经济的发展，第一产业的劳动力和产值所占比重逐渐下降，而第二产业和第三产业的比重则逐渐上升。最终，第三产业的比重将最大，成为经济的核心部门。同时，每个产业内部的部门结构也会发生变化，直到达到新的平衡状态。此外，产业结构的变迁通常伴随工业化和城镇化的同步推进，这标志着经济的全面发展和升级。

第三，产品构成的变化。经济发展推动了消费者需求的变化，使其对企业生产的产品和服务提出了更高的要求。这一变化促使企业不断提升产品和服务的质量，并扩展产品和服务的种类，以满足不断升级的市场需求。

第四，生活品质的变化。经济发展不仅推动经济增长，还带来了生活品质的显著提升。随着人均收入的增加，居民的生活医疗条件得到极大改善，教育水平不断提升，文化娱乐活动更加丰富多样。同时，生态环境变得更加舒适，人均预期寿命也相应延长。

第五，分配状况的变化。经济发展有助于改善收入和财产的分配状况，减少社会的不平等现象，并致力于消灭贫困人口的问题。随着经济的增长和财富的积累，资源分配逐渐变得更加公平，有助于提高社会整体的生活水平和福祉。

综上所述，经济发展涵盖的内容比经济增长要丰富和复杂得多。在实际应用中，可以从狭义、广义和泛广义三个层面理解经济发展。其中，狭义层面将经济发展视为等同于经济增长，即关注实际国内生产总值（GDP）的增长。广义层面的经济发展是指除了经济增长，还包括经济结构的变化，特别是产业结构的调整，通常表现为工业化的过程，即第二产业比重的上升。泛广义层面的经济发展除了经济增长和结构变化，还涉及生活品质的提升、收入分配的公平性改善、贫困人口的减少以及生态环境的优化。

本书所界定的发展就是泛广义层面的经济发展。在这个定义下，经济增长是经济发展的基础和前提，没有经济增长就无法实现经济发展。然而，经济增长本身并不足以保证经济发展。仅有经济增长而缺乏投入结构、产业结构的优化以及居民生活品质的提升等要素，经济增长可能不会转化为真正的经济发展。真正的经济发展需要在增长的基础上，推动更广泛的结构性变革和社会进步。

（二）高质量发展的内涵

高质量发展是一种从量变到质变的经济转型，其核心是提升经济效率和优化产业结构，从而提供更高品质的产品和服务。其最终目标是实现可持续的经济增长、更加绿色的生态环境以及公平的社会分配。这一发展模式以民生为导向，不仅满足了人们的基本需求，还促进了公平正义，创造了个人自我实现的良好社会环境。高质量发展的本质特征涵盖多个维度，体现出对经济、生态和社会平衡发展的全面追求，是推动社会进步的关键路径。我们可从以下三个视角理解高质量发展的科学内涵。

1.高质量发展是系统平衡的发展

高质量发展标志着中国从高速增长向质量提升的经济转型，适应了新的发展阶段及复杂的国际环境。这一转型系统性地应对了经济新常态、社会矛盾变化和资源环境约束等挑战，目标涵盖了经济结构优化、可持续动力、风险控制、共同富裕和生态保护等多方面。推动这一发展的具体措施包括促进区域协调发展、构建现代化产业体系、推动能源经济发展、强化生态保护，提升民生质量，并加快高质量的对外开放。这一系列举措共同构建了全面的高质量发展框架。

高质量发展的评价体系相比以往的高速度发展更加复杂和多维，强调在经济、政治、文化、社会和生态等多个领域的全面提升。它不仅关注经济总量的增长，还致力于解决经济与社会发展中的不平衡和不充分问题。评估标准包括有效性、协调性、创新性、持续性和分享性。从系统观的视角来看，高质量发展将创新视为核心驱动力，强调协调与绿色的内生特性，开放为必经之路，而共享则是最终目标。这一转变使得质量的内涵从单纯的经济层面延伸至社会层面，关注经济增长对社会稳定、生态环境和收入分配公平正义的影响。学者们认为，高质量发展可以通过识别经济社会发展中的不平衡与不充分问题，以及评估其是否能更好地满足人民在各方面日益增长的需求来进行界定。

2.高质量发展是经济建设的发展

在高质量发展的框架下，经济建设是核心领域和关键支撑，高质量发展依赖于稳健的经济建设。有学者指出，微观经济是发展基础，宏观经济决定总体水平，而民生事业是最终目标。然而，当前经济学研究工具在对经济质量进行多维评价时仍显不足，研究多集中于宏观经济的速度和效率，而对经济发展质量关注较少。早期的研究通常局限于狭义层面，简单地将经济增长理解为资源要素的投入比例改善或效率的提升。实际上，经济增长应从广义层面理解，强调关键性指标如生态环境和机会公平。业界认为，经济增长质量的提升需要增强结构协调性和效益和谐性。衡量和评价经济增长质量的方式也从狭义的全要素生产率变动，扩展到广义的综合评价指标体系，涵盖经济、生态、制度、社会和心理等多个维度。

高质量发展标志着经济从过去的"总量扩张"向"结构优化"转变，旨在解决经济发展中存在的"不平衡、不协调、不可持续"问题。它包括两个主要方面：一是经济增长过程中结构的优化，如投资消费结构、产业结构和区域结构；二是经济增长结果的改善，重点关注居民福利水平、资源利用效率和生态环境代价。

在衡量经济高质量发展时，相关研究通常从四个维度进行评估：社会经济保持稳定增长、产业结构合理化与高级化、资源利用效率与生态环境补偿，以及福利分配机制的合理性。高质量发展强调在发展过程中从顶层设计出发更新发展理念，实现新旧动能转换，从而提高发展效率并分享发展成果。近年来多地实行的"腾笼换鸟"战略已初具成果，产业结构完成了调整升级，提升了资源利用效率并降低生态环境代价，印证了高质量发展之路是我国社会经济发展必经之路。这种综合性和系统性的评估方法为推动区域经济高质量发展提供了重要依据。

3.高质量发展是民生福祉的发展

经济高质量发展的微观基础在于为消费者提供更高质量的产品和服务，这一现象是经济发展质量的直观反映。生产的最终目标在于满足人们的实际生活需求，提供有用且质量特性明确的产品。随着经济水平的提高和人民收入的增加，需求结构发生了变化，公众对物质文化生活的需求逐渐转向对美好生活的追求，需求层次迅速上升。如今，消费者不仅关注产品是否存在，更加关注其质量，同时对高品质服务的需求也在快速增长。在高质量发展阶段，中国的制造业、服务业和建筑业等领域的品质要求得到了显著提升，反映了人们对更高生活质量的向往和追求。

从民生的视角来看，制造业企业必须关注产品和服务的质量合意性，以向市场高附加值产品满足用户日益增长的需求，这就要求企业要尽快提升产品和服务质量，这种质量的提升一方面影响群众对美好生活的整体满足程度，也直接关系到中国制造与中国智造的国内外市场供给质量。直接倒逼企业从产品出发改造升级生产流程，积极将现代生产性服务业融入制造过程塑造和提升企业核心竞争力，从而提高这些领域的供给质量并形成相应的质量优势，从而实现从高速增长向高质量发展的历史转变。

二、区域经济高质量发展的科学内涵

党的二十大报告指出，构建优势互补、高质量发展的区域经济布局和国土空间体系。要把区域高质量发展作为新时代区域发展的主导方向，促进区域协调发展向更高水平和更高质量迈进，必须持续完善区域战略统筹、市场一体化发展、区域合作互助、区际利益补偿等机制，增强区域发展的协调性，加快形成优势互补、高质量发展的区域经济布局。

（一）提质增效是区域经济高质量发展的核心

要实现区域经济的高质量发展，关键在于构建一个高效的经济发展平台，即打造一个旨在促进经济高质量发展的现代化经济体系。与过往传统经济体系单纯追求经济总量与增长速度不同，现代化经济体系将质量放在首位，效益视为核心，其精髓在于通过提质增效来推动区域经济的全面发展。

在实践中，提质增效的理念可具体体现在三个层面：在微观经济层面，这意味着企业产品、工程项目及服务质量的显著提升，为经济发展奠定坚实的基础；在中观经济层面，则体现为产业结构的升级与优化，以及区域间发展的均衡与协调，为经济注入持续的活力；而在宏观经济层面，则表现为生产效率与经济效益的显著增强，成为区域经济高质量发展的显著标志。

（二）创新驱动是区域经济高质量发展的动力

区域经济高质量发展的驱动力与传统经济发展模式显著不同。传统模式依赖资源、能源和低成本劳动力等要素驱动，虽然推动了经济的高速增长，但这种模式的可持续性已受到限制。首先，能源供应的有限性和劳动力成本的上升使得要素驱动模式难以维持。其次，高消耗带来的高排放压力要求改变这一模式，以应对污染防治和环境保护的需求。第三，粗放型的生产和供给扩张不适应需求层次的升级，当前供需结构的矛盾进一步证实了这一点。最后，在国际竞争中，劳动力成本上升逐渐削弱了我国在中低端产业链的优势，必须通过创新驱动来实现从中低端向高端的转型。这些因素共同表明，区域经济高质量发展的核心在于推动经济发展驱动力的转换，从要素驱动转向创新驱动。

（三）绿色低碳是区域经济高质量发展的底线

新理念如"环境是全民共享的民生福祉"和"既要绿水青山也要金山银山"已深入人心，成为人们对美好生活追求的重要组成部分，高质量发展目标要求推动产业结构、能源结构、交通运输结构、城乡建设发展绿色转型，着力推进全域绿色发展、循环发展、低碳发展，推动形成节约资源和保护环境生产生活方式。当前绿色低碳发展和污染防治不仅是区域经济实现高质量发展的基石，也是新时代对执政能力和水平的新挑战。鉴于我国经济发展所处的阶段以及近年来在污染防治方面取得的显著成效，我们已具备实现绿色低碳发展的坚实基础和能力。

（四）和谐共享是区域经济高质量发展的目标

中国共产党人的核心使命是为人民谋幸福和民族复兴。在区域经济高质量发展的过程中，坚持以人民为中心的发展思想，和谐共享成为根本目标。首先，需要解决城乡、区域、经济与社会发展之间的不协调，以促进经济的全面进步。经济初期的非均衡发展策略曾推动了部分地区的进步，但现在应转向协调发展，以实现更广泛的经济社会发展。其次，必须实现共享发展，通过引导全体人民参与发展，并逐步确保发展成果的全民共享。再次，将成果共享作为全社会扩大再生产的内生动力，在全社会培育共产共享的良好氛围，为区域经济高质量发展提供长久动力。

（五）补齐短板是区域经济高质量发展的抓手

高质量发展不是空谈，而是需要切实的行动。推动区域经济高质量发展的关键在于两方面：一是深化改革开放。内部要通过全面深化供给侧结构性改革以及政治、文化、社会体制改革来促进经济的健康发展；外部则需要营造开放的市场环境，吸引外资，推动"一带一路"建设，扩大进口并优化进出口平衡。二是补齐短板，确保经济的稳定性。需要聚焦经济发展中的实际问题，如金融风险、精准脱贫和污染防治，采取有效措施解决这些问题，以保障经济的稳定和健康发展。

第二节　区域经济高质量发展的现状分析

我国区域经济高质量发展主要面临的四个方面的障碍，即区域经济差距过大、区际利益分割、缺乏针对性的制度设计、文化与思想观念障碍，不同的障碍有其不同的表现及影响，共同制约着我国区域经济的高质量发展。

一、区域经济差距过大

当前，我国区域经济差距较大已是共识，具体表现如下。

（一）产业梯度转移与结构调整的传导机制受阻

产业梯度转移，是一种优化区域产业结构布局的有效策略，其核心在于将发达区域中相对落后的产业有序迁移至欠发达地区。此举旨在通过资源的重新配置，促进欠发达地区产业规模的迅速扩张，同时为发达区域腾出宝贵空间，以便其进行更为高端的产业转型与升级。然而，当区域经济差异达到一定程度时，这一转移过程便可能遭遇重大挑战。具体而言，随着发达区域与欠发达地区之间产业梯度差距的日益扩大，后者在承接产业转移方面所面临的困境愈发凸显。缺乏必要的基础设施、资金支撑以及充足的市场容量，加之资源利用效率低下，难以吸引外部投资的青睐，均成为制约产业转移的重要因素。另一方面，发达区域对于产业转移的预期收益持谨慎态度，导致政府与企业层面的合作意愿普遍不高，进一步加剧了产业转移的难度。在此情境下，若强行推动产业转移至条件尚不成熟的欠发达地区，非但无法实现预期的产业振兴目标，反而可能引发产业衰退的连锁反应，严重违背产业梯度转移的初衷。

因此，如何有效缩小区域经济差距，为产业梯度转移创造更加有利的条件，已成为当前亟待解决的重要课题。

（二）引致"虹吸"现象

虹吸现象在经济学上指的是发达地区凭借其优越的区位和经济实力，源源不断地吸引落后地区的要素资源，如资金、人才、技术等。这种现象是由于区域经济差距造成的经济"压强差"导致的。在这种情况下，发达地区获得了正面的效应，进一步巩固了其经济优势；而落后地区则因资源流失而面临负面的效应，资源匮乏和经济落后的问题加剧。虹吸现象的存在不仅阻碍了发达地区对落后地区的有效辐射带动，还加重了区域经济的极化效应，形成了恶性循环，进一步扩大了区域经济差距。

（三）消费潜力难以释放

消费作为推动经济增长的重要力量，在当前投资和出口增速回落的背景下，其作用变得更加突出。然而，长期存在的内需不足困境仍未得到根本解决，消费潜力未能充分释放。这一困境部分源于区域经济差距过大。区域经济差距扩大导致地区收入极端不平衡，特别是中低收入和贫困落后地区尽管拥有强烈的消费需求，如食品、住房、衣着和医疗，但由于收入水平低，消费能力不足。这种需求未能得到有效释放，从而限制了整体经济增长动力，也进一步遏制了区域消费，形成了消费潜力无法充分发挥的恶性循环。

二、区际利益分割

区际利益分割现象导致各级地方政府均片面追求短期利益，盲目推动区域发展，这一过程中，地方保护主义的盛行以及区域产业的高度趋同成为最为显著的表现。此等状况极有可能引发"公共地灾难"现象，并加剧城市间的无序竞争，从而对我国经济的高质量发展构成严峻挑战。具体分析如下。

（一）区际利益分割的表现

1.地方保护主义严重

在我国经济高质量发展的过程中，经济体制改革导致权力下放加快，而权力约束机制的弱化使地方政府更加注重地区利益最大化。这种情况下，地方政府在制定政策时常站在本地区的角度，采取地方保护主义措施，如设置贸易壁垒、实施双重税收政策和禁止外来产品交易。这些措施不仅人为地封锁和分割市场，还阻碍了共同市场的建设，限制了区域特色和优势产业的市场扩张。同时，这种保护主义和市场分割影响了生产要素的正常流动，损害了区域产业分工和专业化发展，导致区域经济高质量发展的目标和前提被削弱。

2.区域产业结构趋同化

区域产业结构趋同化表现为各地区产业结构的差异逐渐缩小，各地的产业结构趋向一致，主要产品的生产区域分布集中度降低，这种情况下许多产品的生产未能实现规模经济。地方政府倾向于投资那些附加值高、利润大的产业，虽然这种投资看似有利，但往往是为了追求短期利益或与本地区的产业分工不匹配。这种情况导致了盲目投资和低水平的重复建设，结果是产业结构趋同，表现为"小而全"或"大而全"的产业模式。这种产业结构的趋同化问题限制了区域经济的多样性和效率，影响了经济的健康发展。

（二）区际利益分割的影响

1.造成"公共地悲剧"

美国学者加勒特·哈丁提出的"公共地悲剧"论断指出，当公共资源被自由使用时，最终会导致这些资源的枯竭。以公用地上的过度放牧为例，每个牧民为了个人利益，过度放牧草场，而只承担部分由此带来的延迟成本，最终造成草场退化，形成了无牧可放的悲剧。这一现象普遍存在于所有公有资源的使用中，私人决策者往往会过度使用这些资源，导致环境恶化和资源枯竭。典型的表现包括环境恶化和道路拥挤等问题，这些都反映了"公共地悲剧"的影响。

区域利益分割使得地方政府在经济博弈中类似于"公共地悲剧"中的放牧人，各地方政府通常只从自身利益出发，忽视整体经济效率，导致经济利益的博弈行为加剧。这种行为扭曲了地方利益，虽然这是理性的行为，但严重损害了整体经济效率。在这种博弈中，各区域可以选择两种路径：一种是突破区域利益分割，追求整体经济效益的提升；另一种是继续追求自身利益，进一步加剧区域利益分割，最终导致整体经济效益的下降。

尽管各区域同时选择突破区域利益分割是最优选择，但在实际博弈中，各区域明白，若其他区域不放弃自身利益，选择坚持自利会获得更大的收益，因为最先放弃的区域将受到最严重的损害。如果其他区域选择放弃，而本区域选择坚持自利，本区域将获得比所有区域同时放弃时更多的经济利益。结果，无论其他区域如何选择，本区域坚持追求自身利益总是比放弃自身利益获利更多。这种情况导致所有区域都选择追求自身利益，从而加剧区域利益分割，整体经济效率下降，最终形成了"公共地悲剧"。

2.城市间过度竞争

城市间的过度竞争，其核心在于对关键经济资源的激烈争夺，这些资源涵盖了资金、技术、人才以及自然资源等核心要素，它们对经济的蓬勃发展具有举足轻重的意义。然而，这些资源的分布在不同地区间呈现出天然的差异性。

由于区域间利益的分割，各城市往往倾向于采取非市场化的不正当竞争策略，如对市场进行相互封锁与分割，此举不仅严重阻碍了资源的自由流通与优化配置，还进一步加剧了城市间在争夺资源方面的紧张态势。在此过程中，各城市往往忽视了比较优势的原则，盲目地追求短期内的高收益产业或项目，以追求本地利益的最大化。这种短视的行为往往导致盲目投资与低水平的重复建设，进而造成部分产业与产品生产能力过剩，以及产品的高度同质化。这些现象不仅削弱了规模经济的效益，还使得城市间的竞争陷入了低水平的同质产品竞争之中,严重阻碍了城市之间的合作与协同发展。

总之,城市间的过度竞争会导致区域间资金、技术、人才及自然资源的不合理流动,形成恶性循环。资金、技术和人才通常流向经济收益率较高的发达地区,因为这些地区提供更高的利润、更好的研发环境和更优厚的福利待遇。这种单向流动不仅激化了发达地区与落后地区之间的矛盾,也加大了区域经济差距,进一步加剧了要素资源的不合理流动。

三、缺乏针对区域经济高质量发展的制度设计

区域空间扩大增加了区域治理的范围,也催生了区域内部地方政府关系、跨界公共事务、跨区环境治理、交通规划治理以及区域合作治理机制等方面的问题。现有的政府管理体制已不适应大都市群的协调治理。在网络化城市体系中固定的行政区划容易造成单个城市的个体理性与区域整体合作理性之间的冲突,中心城市与周边城市在政治地位和经济体量上的巨大差异也将导致城市间难以形成长效的合作机制,所以应当考虑建立区域内跨境共管机制,协调区域内城市网络关系。

我国的区域政策发展经历了三个主要阶段。最初,国家通过调整工业布局,推进内地与沿海地区的均衡发展,这一阶段被称为区域均衡发展阶段,旨在改善工业基础薄弱的状况并推动内地工业化。随后,东部沿海地区迅速发展,增强了国家的综合实力,但也加剧了区域间的发展不均衡,这一阶段被称为区域不均衡发展阶段。当前,我国进入了区域协调发展、高质量发展阶段,国家提出了包括西部大开发、振兴东北、促进中部崛起和鼓励东部发展在内的"四大板块"战略,逐步形成并完善区域协调发展的总体战略。

由于我国地大物博,地区间自然条件和经济发展水平差异明显,需要制定针对性的区域政策来解决各地的具体发展问题。从"十一五"起,国家加强了对区域政策的细化,推出了一系列区域规划和政策文件,这些措施有效促进了区域发展并在缩小区域差距方面发挥了作用。然而,我国的区域政策

仍存在许多改进空间。具体表现如下。

（一）行政体制条块分割

一些行政官员表现出急功近利的态度，缺少对长期发展的考虑。他们主要关注任期内的经济成果，思维局限，只追求个人或地方利益的最大化，而忽略了从提高整体经济效率的角度来思考问题。这种行为不仅为寻租活动创造了条件，还在跨行政区的经济合作中设立了障碍。在这种不平衡的发展背景下，一些地方政府为了短期的经济利益，竞相开发和低效使用资源，常常以牺牲生态环境为代价，从而破坏了经济的可持续发展。

（二）地方性政策法规及部门规章制度缺乏协同

地方政府官员升迁引发的绩效考核加剧了地方政府间的无序竞争，为了提高财政收入并确保短期利益，在未考虑整体协同发展的情况下实施了诸多地方性政策法规，如在跨行政区内征收额外费用、限制人才和产品的流通等，导致本地保护主义泛滥和区域市场分割。区域间生产要素和产品价格差异将进一步激化区域经济非均衡发展，极易出现强者愈强，弱者愈弱的马太效应。高质量发展要求要素和产品自由高效流动，强化区域间的互补性，推动规模经济和外部效益的获取。同时，各行政区域的部门规章制度往往独立制定，缺乏协调，可能产生冲突，导致权责不明确，影响了政策的有序整合与协同发展。这种状况限制了区域经济的整体协调与高质量发展。

（三）产权制度不明晰阻碍市场机制正常运作

产权制度不明晰导致政府在市场经济中扮演过多角色，干预了企业经营和重组等活动，从而阻碍了市场机制的正常运作。为了维护地方利益，地方政府往往利用其职能和各种手段，阻止要素通过市场机制在区域间的自由流动和优化整合。这种情况进一步抑制了市场在资源配置中的作用，限制了区域经济的高效发展和协调进步。

四、文化与思想观念障碍

我国疆域辽阔且各地区社会文化差异显著,从经济角度看各地区的自然禀赋和经济发展水平层次多且差别大。此外,多民族聚居的基本国情使得文化和观念的差异更加突出。正是由于我国的文化和思想观念呈现出显著的地域性特点,这些差异在现阶段我国区域经济高质量发展中会产生结果迥异的影响效应。

(一)文化与思想观念障碍的表现

文化与思想观念障碍在宏观和微观领域都表现出显著差异。在宏观层面,主要体现在传统观念、价值观、宗教信仰、民族(团体)优越感、创新或变革精神等方面,在微观领域主要体现在经营理念、企业文化、管理模式等的差异。

1.宏观层面的差异

在宏观层面,文化和思想观念的差异主要体现在语言和交往方式上。南北方语言差异以及民族间语言差异带来了交流沟通的障碍,影响了跨地域和跨民族的合作与沟通。同时,北方人和南方人在观念上的差异,如北方人的热情和南方人的内敛,容易导致人际关系的紧张和"小圈子"现象,使得外部人员难以融入。

2.微观层面的差异

首先,区域文化差异导致决策分歧。区域文化差异在决策过程中主要表现为决策标准和依据的不一致、决策模式的差异、个人决策主动性和责任感的不同。文化背景影响决策者如何评估信息、采取行动和承担责任。决策者根据自身文化背景做出判断,并可能会根据反馈修正决策,但文化差异可能导致对决策过程和结果的责任感及主动性有显著不同,这影响了决策的效果和效率。

其次,区域文化差异显著影响人力政策的制定和执行。在用人方面,南方地区倾向于注重人才的实际能力,愿意大胆起用新人,而北方地区则更加保守,更加重视员工的经验和稳定性。在激励制度方面,东北地区更倾向于以稳定为核心,通过精神激励而非物质刺激来提高员工的创造力和忠诚度。这些差异不仅影响员工的工作态度和企业的管理方式,也影响区域内人力资源的有效配置和企业的整体发展。

(二)文化与思想观念障碍的影响

文化与思想观念上的差异会直接影响不同地区之间的沟通与合作,在宏观层面主要表现为政府高层领导者的管理方式,在微观层面主要表现为企业管理者的管理制度,文化融合的障碍给区际协同、高质量发展带来一定挑战。

1.宏观层面

文化和思想观念的差异在宏观层面上主要影响领导者的管理方式,这种影响直接关系到区域发展的重点、方式及前景。在跨区域管理中,文化冲突可能使原有的管理经验和方法在新区域失效,从而无法实现有效的跨区域融合和渗透。与此同时,跨区域领导者的管理方式可能与现有的管理体制发生冲突,这既可能带来创新的管理模式,也可能导致不同管理方法之间的排斥和内部混乱。因此,适应和融合不同文化和管理体制的挑战,是实现有效跨区域管理的关键。

2.微观层面

斯蒂芬·P·罗伯斯在《管理学》中指出,组织的文化,特别是强文化(强烈拥有并广泛共享基本价值观的组织),会对管理者在所有管理职能上的决策产生制约。在跨文化管理的环境中,管理者面临着文化冲击的挑战,他们必须在保持对母公司的忠诚和适应新企业的本地实际之间找到平衡。忠于母公司可能会导致使用效率低下的旧有管理方式,严重时甚至可能使企业面临倒闭的风险;而完全采用本土化的管理策略则可能使企业的文化与母公司产生脱节,令管理者陷入困难的境地。

第五章　制造业服务化对区域经济高质量发展的影响机制

制造业服务化对区域经济的影响是深远且多方面的，它不仅推动了区域产业结构的优化升级，还显著提升了区域经济的竞争力和创新能力，同时促进了可持续发展。

第一节　产业结构优化升级

产业结构研究在中国产业经济学中占据重要地位，通过分析产业结构的特征和演化历程，可以揭示产业间的资源分配关系以及社会生产和市场需求的变化趋势。国际经验表明，产业结构的演变对经济增长至关重要，而区域产业结构的优化和升级则是推动区域经济发展和生产力提升的关键因素。

产业结构是在一般和特殊分工的基础上逐步形成的，涵盖了资源配置、产业比重和技术联系等要素。区域产业结构的形成和优化受多种因素的影响，如需求、资源、科技水平和国际经济关系等。因此，在优化区域产业结构时，必须全面考虑这些因素的综合作用，以实现合理的产业布局和发展。

一、产业结构升级的内涵

在深入分析产业结构升级的内涵之前，必须首先明确产业升级与产业结构升级之间的关系及其差异。尽管两者密切相关，但在研究焦点上存在区别。

国外学者通常更关注产业升级的过程，认为产业升级不仅包括简单的产业转换，还涉及附加值的提升。Ernst（2001）从多个维度提出了产业升级的五种形式，包括产业内从低附加值到高附加值的转变、要素升级、消费需求升级、价值链升级，以及前后项关联的层次结构升级，体现出产业升级的多层次和多方位特征。Pietrobelli 和 Rabellotti（2006）进一步将产业升级定义为开发越来越多高附加值产品和服务的过程，体现了产业在不断优化中增强竞争力的路径。总体来看，这些研究从全球价值链的角度出发，认为产业升级的核心在于实现从价值链低端到高端的转变，涉及操作流程升级、产品升级、功能升级和价值链升级等多个层次。通过这些升级路径，产业不仅在附加值上有所提升，还能够在全球市场中占据更加有利的地位。这一分析为产业结构升级研究提供了重要的理论支撑，强调了提升产业附加值和优化产业结构的重要性。

国内研究在探讨产业升级时，主要从"结构调整"的角度出发，强调通过生产要素的跨部门转移，实现要素配置效率的提升和产业布局的优化。在研究初期，有大量学者认为产业升级是产业结构从劳动密集型向资本技术密集型转变的过程，也是产业升级的核心体现。而张耀辉（2002）则将产业升级定义为高附加值产业逐渐替代低附加值产业，这不仅涉及三次产业间的比例变化，还涉及整体产业附加值的提升。后续学者的观点更为全面，一般将产业升级视为产业之间及内部从低状态向高状态的动态发展过程，通过推动经济资源的合理配置和主导产业的转换，实现产业结构的优化。这些国内研究共同指出，产业升级不仅是产业结构的一次性调整，更是一个动态的、持续的过程，目的是通过要素的合理配置和技术进步，逐步提升整个经济体的附加值和竞争力。

产业升级可以定义为产业为了匹配社会需求而开展的技术革新与转型活动,同时也是一个提升产业能力的过程。这一过程不仅包含"产业结构升级",也囊括了"产业内部结构优化"。前者聚焦于产业从低级阶段向高级阶段的演进,旨在实现产业的和谐共进;而后者则侧重于某一产业内部,通过优化生产要素配置、提升技术与管理效能、改善产品结构等手段,实现产业的内在升级。

产业升级是一个复杂的动态系统,其内涵随着时代变迁不断扩展,特别是产品间分工模式的演变对产业升级的内涵产生了重要影响。国内研究主要关注产业之间的结构优化和布局调整,强调产业结构的合理化和高级化发展。近年来,研究趋势逐渐转向包括生产要素、产品、技术和能力等多方面的升级,逐步趋向全球生产网络视角下的价值链升级。国外研究则着眼于全球价值链的发展,分析在深入分工条件下如何提升产业内部的技术水平、管理能力、资源配置能力、价值创造和增值能力。

一般来说,产业结构升级与优化蕴含了双重内涵:一是合理化,二是高度化。合理化强调的是产业间的互补性、协调性和转换能力,同时,也要求与区域产业发展所依托的外部环境保持一致性。而产业高度化,则是指一国(或地区)的经济发展重心或产业结构核心,逐步从低附加值产业向高附加值产业转移的过程,这一过程深刻反映了区域内经济发展水平的高低、发展阶段以及发展方向。产业结构的高度优化,通常可以通过各产业部门之间产值、就业人数、国民收入比例的变化趋势来具体体现。

在工业化的不同阶段,主导产业经历了显著的变迁。工业化前期,由于资本积累不足且劳动力丰裕,产业以农业和劳动力密集型行业为主。随着工业化推进和外资引入,资本积累加速,资本密集型产业迅速发展,主导产业转向大型和重型制造业。进入工业化后期,劳动力成本上升和技术进步推动了产业结构的进一步变化,主导产业转向知识技术密集型制造业和现代服务业。从要素禀赋的视角来看,产业结构的升级反映了要素投入结构的变化,核心生产要素从传统的禀赋型资产转向创造型资产,推动了劳动密集型产业向资本技术密集型产业的转变,实现了产业结构的合理化和高级化发展。

二、制造业服务化对区域产业结构升级大有裨益

制造业服务化对于推动制造业的合理化发展扮演着至关重要的角色,其积极影响显著地体现在平衡区域产业间发展速度上。它不仅有效填补了服务行业的部分空白,还深刻改造并升级了传统制造业,促进了产业结构的整体提升,引领各产业由资源和劳动密集型向资本、技术、知识密集型的转型。此外,制造业服务化还显著提升了地区内各产业的运营效率,重构了比较优势结构,为经济发展注入了强劲动力。

在生产性服务业的广阔领域中,金融、管理咨询、计算机及信息服务等行业犹如桥梁,紧密连接着人力资本、知识资本和技术资本与生产过程,成为创造有形产品差异化优势、实现产品增值的核心驱动力。这些行业不仅能够有效增强企业的市场竞争力,还深刻推动了产业结构的优化升级,助力经济增长方式向更加高效、可持续的方向转型。可以断言,只有实现产业间的协调,区域经济才能实现长期的可持续发展。制造业服务化不仅促进了区域内产业间的协调与互补,还推动了产业附加值的提升、技术的集约化以及生产过程的柔性化,对于转变经济增长动力和保持区域经济的快速稳定增长,无疑具有重要的促进作用。

三、制造业服务化为区域经济高质量发展提供新动能

制造业服务化进程深刻揭示了制造业高级化发展的内在逻辑,其核心在于信息技术、知识积累与高端人力资本等服务型要素的深度融合与高效利用。这一变革不仅极大地提升了制造业的生产技术层次、产品与服务质量及运营效率,还促进了发展模式的深刻转型,为区域经济的高质量发展注入了强大的活力。

面对当前中国制造业发展所面临的环境资源压力、外需市场波动以及传

统增长模式难以为继等挑战，制造业亟须通过服务化路径探索新的增长点。生产性服务业，作为知识密集与技术创新的高地，正成为驱动制造业转型升级的关键力量。

制造业企业加大对生产性服务业的投入，不仅能够通过资源共享与规模经济效应提升运营效率，还能够借助广泛而深入的交流机制，促进知识与技术的有效传播与吸收，进而增强制造业企业的创新能力与核心竞争力。这一过程不仅有助于制造业企业实现生产率的稳步提升与专业化分工的深化，还能有效降低生产与交易成本，推动制造业向更高水平、更高质量的发展阶段迈进。因此，生产性服务业的快速发展对于促进制造业服务化升级具有不可估量的价值与意义。

在数字经济浪潮下，制造业需要不断提高高端服务要素所占比重，从而持续推动区域经济高质量发展。具体做法包括以下三点：一是破除低质量发展路径依赖，摆脱陈旧的生产流程和传统生产要素的利用方式，以新观念新技术改造企业生产全流程，进而提升制造业的整体绩效水平。二是积极利用高技术服务外包产品，聚焦制造业企业生产职能，保证相关企业能更加专注于核心产品的研发、设计和其他高附加值服务，一是有助于减少生产成本，还能够显著提升企业的利润空间与核心竞争力。三是将服务化制造建设成成熟高效的主流产业链，保证服务要素深度嵌入所有企业的生产运营环节之中，为制造业提供强大的智力指导和坚实的技术保障，从而提高产品的技术含量，加速制造业的转型升级进程。

第二节　促进创新驱动发展

新一轮工业革命通过技术创新浪潮推动了全球产业竞争格局的重塑。在制造业服务化的背景下，创新驱动对区域经济发展的影响可以从三个方面分析。首先，制造业对知识和技术密集型服务需求的扩张促进了知识资本的积累，提高了企业的技术创新能力。其次，现代生产性服务业的融入提升了要素投入的高端化，降低了技术创新成本，提高了创新效率。最后，服务业作为纽带和黏合剂，强化了产业上下游的关联，提高了知识和技术的传播效率，进而强化了技术溢出效应和示范效应。这些因素共同推动了区域经济的进一步发展。具体阐述如下。

一、知识密集型服务的融入促进技术创新能力的提高

知识密集型服务在产业链中占据高端位置，具有强大的创新能力，并对知识的积累和传播发挥着重要作用。与传统制造业相比，服务化生产企业更能融入知识密集型服务，通过前期市场调研和后期产品维护等外延性服务，与客户直接互动，获取与产品性能、市场需求及使用体验相关的隐性知识。这些隐性知识是技术创新的关键基础。服务化制造商利用知识密集型服务和知识资本，通过提取、整合、吸收和加工知识，提高创造和商业化知识成果的机会，从而增强技术创新能力。这种创新能力的提升能够帮助企业更好地转化先进知识资本，实现商业化，推动技术创新的发展。

具体而言，知识密集型服务（KIBS）对制造业企业技术创新能力的提升与产品创新发展的重要影响主要通过中介服务机构完成，包括技术性服务企业、会计与金融服务企业、法律服务企业、猎头服务企业等。知识密

集型服务（KIBS）对制造业企业本身就是一种潜在的创新动力，也是连接企业与市场的创新纽带。这是由于其在制造业企业中交易技术、设备与物质投资的功能，能够为制造业企业提供新的知识和技术，并在产业间完成知识和技术转移。

二、现代生产性服务能提升技术研发效率

现代生产性服务因其技术复杂度和价值创造力的显著提升，相较于传统资源要素，表现出更强的优势。随着生产性服务投入比重的增加，这些服务作为技术、管理、信息和知识的载体，引导了要素投入结构向更高端和复杂的方向发展。这不仅提升了企业的增值能力，还有效突破了研发活动中面临的要素和资金约束，为技术创新提供了充足的要素和资金基础，从而显著提高了研发效率。

数字经济时代的现代生产性服务业有能力催生技术革命性突破。新业态、新模式、新动能业已成为推动区域高质量发展的核心要素。大数据、人工智能、云计算、云存储等商用新技术的采用和扩散是形成新质生产力的关键所在。生产性服务业作为在新发展时期中的关键节点行业之一，有能力将人力资本、新知识和新技术对生产力提升的影响传导到下游产业，是新技术的承载者和扩散者，由现代生产性服务业引致的技术创新将成为推动区域高质量发展的主要引擎和关键力量。

三、产业关联度提升进一步激发创新活力

制造业服务化生产模式的一个显著特征是，随着服务元素的深度融合与广泛延伸，制造与服务之间的界限正逐渐淡化，这一过程有力促进了产业间关联度的显著提升。作为联结制造业各环节的关键桥梁与黏合剂，服务环节的融入不仅深化了制造与服务产业的内在联系，还显著增强了上下游制造产业之间的协同与互动。这种前后向产业关联度的增强，对于强化关联环节与

产业间的外溢效应、示范效应及涟漪效应具有重要意义，从而推动先进生产知识、技能、技术及创新成果在关联领域内的有效传导与广泛扩散。随着知识、技术和创新成果在不同生产环节与关联产业间的传播与渗透，产业间互补性知识与技术的传递机制进一步激发了知识技术的再创新活力，并通过学习效应、干中学效应等途径，持续提升整个产业体系的技术创新能力与发展活力。

四、技术创新能力提升对区域经济高质量发展的影响

技术创新能力提升对区域经济高质量发展的影响主要表现在两个方面。

第一，在维持其他条件稳定的前提下，技术能力的提升等同于在生产流程中融入更高级别的生产要素与生产条件组合，此举将显著增强整个产业链的生产效能。生产效能的提升，不仅为现有产业的蓬勃发展提供了动力，也为新兴产业的崛起创造了条件。此外，不同产业部门间在生产效能与发展速度上的差异，使得那些高效且快速发展的产业更容易实现重大飞跃，成为支撑经济的重要支柱。而相比之下，技术滞后、生产效能提升缓慢的产业则可能逐渐边缘化，从而引发产业结构的优化和变迁。

第二，加强技术创新与技术成果的深度应用，对于提升技术密集型产业占比，加速产业技术层级跃升具有显著作用。依据内生增长理论的核心观点，技术作为驱动经济增长与产业升级的关键因素，其影响力主要通过"干中学"效应、技术外溢机制、自主创新与模仿学习、技术扩散路径，以及人力资本的不断累积等多元渠道得以实现。在全球价值链分工日益精细化的今天，各国产业间通过紧密的投入产出联系，构建起相互依存的经济生态。尽管技术领先的先行国家致力于核心技术的垄断与保护，但技术能力的溢出与传递，在价值链的上下游联动中，客观上为后发区域提供了技术进步的契机。这不仅助力后发国家实现技术飞跃与突破，更推动了其产业技术实力的整体跃升与产业结构的优化调整，最终为经济高质量发展奠定了坚实基础。

第三节　制造业全球价值链地位攀升

全球化对世界经济的广泛影响使得生产要素的全球配置方式发生了深刻变化，国际分工体系也在不断调整。全球价值链作为一种跨国产业分工模式，已深刻改变了全球经济的格局。发达国家通过将低附加值的生产环节外移，使自身能够专注于高附加值部分，并通过控制全球价值链来主导全球经济。与此同时，发展中国家则通过嵌入全球价值链，参与国际分工，获取分工收益和技术溢出，从而推动本国经济发展。

全球价值链的兴起打破了传统国界对生产体系的限制，使区域取代国家成为资源要素流动的核心单元。这种分工模式尤其强调专业化和协作，促使产业资源在全球范围内寻求最佳布局，同时也推动了地方产业的集聚。随着企业集聚效应增强，地方产业集群在区域经济中的作用日益重要，导致区域发展差异化成为推动地区经济发展的重要力量。尤其对中国这样制造业依赖程度高的发展中国家而言，区域产业的发展必须充分考虑如何嵌入全球价值链主导的国际分工体系，以保持经济的持续增长和竞争力。

一、全球价值链的思想起源

全球价值链的思想可以追溯到亚当·斯密对分工的早期论述。斯密提出，分工受市场范围的限制，但它通过提升人力资本和推动技术创新，成为经济进步的关键驱动因素。在古典经济学中，分工不仅被视为经济发展的原因，还被视为其结果，两者形成了报酬递增的机制，推动了经济的持续增长和社会的不断进步。这一思想为全球价值链的形成奠定了理论基础，强调了专业化分工在经济增长中的核心作用。

马克思在劳动分工理论的基础上,进一步区分了企业内分工与社会分工,认为二者是国民财富增进的关键,并强调了分工与区域的密切联系,即产业分布总是与特定区域空间相对应。古典经济学将专业化分工视为规模报酬递增的根源,但这种理解主要局限于企业内部的活动,集中在如何将采购的原材料和零部件通过生产过程转化为商品,并最终传递给消费者。这种观点对价值链的理解相对狭隘,主要聚焦于企业内部的操作和资源配置,而忽视了更广泛的社会分工和区域分布的影响。

马克思进一步发展了劳动分工理论,他认为分工包括企业内分工与社会分工,二者相辅相成、不可分割,并且成为国民财富增进的唯一源泉。马克思还在他的劳动分工理论中阐述了劳动分工与区域的逻辑联系:一定的产业总是坐落在一定的区域空间上,一定的劳动空间必然有一定的产业与之相应。古典经济学将专业化视为规模报酬递增的根本原因,但这一时期对专业化分工的认识主要局限于制造企业的内部活动,以及讨论如何将采购的原材料和零部件通过生产过程转换为商品,并通过销售过程传递给批发商、零售商和消费者。对价值链全过程的理解主要限于企业的内部操作,以及企业自身资源的优化配置。

马歇尔在《经济学原理》中将专业化分工扩展到企业层面,强调了不同企业间的协调与合作的关键作用。通过分析企业间的协作关系,马歇尔指出,协作不仅能够有效降低交易成本,还能创造新的生产力,从而推动整体经济的进步。此外,马歇尔还描述了地方性工业的原始形态,这成为地方产业集群理论的起源。他的研究是最早将区域产业发展与产业分工紧密联系起来的理论之一,对后来的价值链理论奠定了基础。

二、全球价值链的提出

众多学者从不同的视角对全球价值链的内涵加以界定,例如波特对价值链的定义是企业已经成为融设计、生产、销售、运输及辅助产品制造的综合体,功能全面且流程复杂,因此企业创造价值的过程可细分为一系列既独立又相互关联的增值活动。从整体看所有这些紧密关联的价值共创行为共同构成了企业的收入来源,企业内部的价值链就此形成。波特的定义从企业经营视角深入解析了企业如何创造价值并维持竞争优势。

Kogut(1985)在波特定义基础上引入了价值增值链的概念,他认为企业需要将人工、技术、资本和原材料等生产要素高度融合,提升产出效率的同时增加销售量实现产品价值的最大化,实现企业与消费者共享价值成果。此后 Hopkins(1986)进一步提出商品链对企业经营的重要价值,并将其视为推动商品劳动与生产过程相互交织、共同演进的网络体系。

随着价值链理论逐渐形成和完善,Gereffi(1999)对已有的商品链理论进行了梳理与拓展,提出了适应全球化浪潮的全球商品链新视角。全球商品链是企业商品链的进一步延伸,强调围绕特定产品组织跨国生产体系,具体操作上就是将世界各地不同规模的企业或商业机构纳入一体化生产网络。这一理论更加聚焦于制造业企业在全球地理空间中的分布格局,以及各参与主体之间复杂而动态的相互作用。进一步地,在综合考量了已有研究后,Gereffi(2001)将产业转型升级纳入讨论框架,提出全球价值链这一核心概念。2002年,联合国工业发展组织在《2000-2003 年度工业发展报告》中,对全球价值链给出了明确界定:它是一个跨越国界的全球性企业网络组织,旨在通过整合生产、回收处理等各个环节,实现商品或服务的全面价值。这一网络涵盖了从设计、研发、生产制造到营销、销售、消费者消费、售后服务乃至可回收物的循环利用等所有增值活动,并涉及参与者在这些活动中的价值创造与利润分配。

到了 21 世纪初,英国曼彻斯特大学的经济地理学者 Neil Core 与 Peter Dicken 等人,在前辈的深厚积淀之上,创新性地提出了全球生产网络这一理论框架。该网络聚焦于探究价值链参与者如何共创、增值并攫取价值,同时深入剖析其如何构建与巩固权力地位,以及确保生产网络能够高效且有序地运作。这一定义精准捕捉了全球经济中多层次、跨空间尺度与多样化行动者交织而成的复杂网络结构特性,迅速引发了学术界的广泛瞩目,并催生出了具有重大国际影响力的曼彻斯特学派,成为经济地理学领域的一支重要力量。

由此可见,全球生产网络的概念是在价值链、价值增值链、全球商品链等一系列相关理论的基础上,历经不断的丰富与完善,最终演变而成的更为全面、更具深度的理论体系。它不仅继承了前人的智慧,更在新的时代背景下,展现出了其独特的价值与魅力。

三、全球价值链分工格局变化的驱动因素

（一）创新是第一动力

1.创新对企业参与全球价值链和地位升级具有重要驱动作用

具体地说,创新通过降低生产成本、缩小与世界顶尖技术之间的差距,以及实现产品的独特差异化,为企业带来垄断优势,助力其深入拓展国际市场。学者们进一步探究了中间产品创新如何引领全球价值链的攀升,揭示了技术进步在全球价值链增长中的核心推动作用。特别是,先进的信息、电信和运输技术对于协调跨国的生产活动和管理高度复杂的全球价值链来说,具有举足轻重的意义。

此外,互联网的普及程度也积极促进了一国在全球价值链中国际分工地位的提升。新兴经济体企业应积极依托创新驱动发展战略,不断积累并寻求新的能力,打破由发达国家企业主导的国际分工格局,立足全球视角优化配置资源,向价值链的中高端环节迈进。

2.人工智能等智能化技术是一把双刃剑

人工智能技术对全球价值链的影响,同样成为学者们瞩目的焦点,然而这一领域却充满了争议。一方面,人工智能正深刻重塑着全球价值链中的产业分工格局,为那些在价值链网络中积极发展人工智能产业的国家带来了前所未有的经济效益。另一方面,发展中国家可能面临更大的技术冲击风险,有可能陷入由人工智能技术所引发的低端锁定困境,甚至可能对它们原本具

有比较优势的下游产业阶段造成不利影响。

（二）制度与政策的正向激励

全球价值链贸易与传统贸易之间的主要区别在于其强调企业间的紧密互动，这种互动主要通过合同、专业产品和投资来实现。然而，合同执行力的薄弱会抑制传统贸易的发展，尤其是全球价值链因其紧密的前后联系，对合约制度的质量尤为敏感。合同执行不力可能导致生产延误或事故，这对全球价值链构成严重威胁。随着国际交易的复杂性不断增加，制度质量成为决定出口模式的关键比较优势因素，日益重要。《Global Policy》杂志专门发布了一期特刊，强调要充分理解全球价值链的形成和演变，必须关注其所融入的外部制度环境。此外，关系型全球价值链还以大量知识产权的流动为特征，因此，特别是对发展中国家而言，知识产权保护制度成为参与全球价值链的重要决定因素。

中国一直以来积极推进对外开放，致力于提升自主创新水平，并利用全球价值链的溢出效应向上游发展，逐渐在全球分工体系中占据不可或缺的角色。然而，面对中国崛起，发达国家开始采取保护主义政策，试图转移国内矛盾。这种新兴大国与守成大国在全球化态度上的差异，严重冲击了原有的全球价值链分工体系，导致全球贸易秩序的重组和地缘政治的重构，进而引发全球价值链的重构。保护主义的回潮为全球价值链带来了诸多风险，影响了其结构和治理。然而，这种影响的具体方向和程度仍然不确定，全球价值链的应对模式和结果也在不断变化之中。

四、中国制造业全球价值链地位现状及其制约因素

目前中国制造业在全球价值链地位可归纳为 3 个特征。

（一）低端嵌入并位于微笑曲线底端

过去很长一段时期内，中国企业依靠低成本劳动力红利扩张国内外市场，利用简单的"三来一补"方式完成资本积累，以"世界工厂"嵌入到价值链的低端位置。相对应地，产品研发、技术支持、金融服务等高附加值环节则被发达国家牢牢掌握。2000年以来我国制造业企业嵌入全球价值链升级成为高质量发展中最大的痛点，一方面中国制造业企业研发能力不足，核心技术被"卡脖子"，另一方面源于对低质量发展有强大的路径依赖。长期在发达国家企业制定的标准下生产极易形成外源性技术依赖，缺乏自主创新的能力积累。

（二）嵌入程度逐渐加深但仍处于中低端地位

自2012年以来，中国制造业在全球价值链中的参与程度逐渐加深，但仍然处于较低的位置。政策引导帮助一些优秀制造企业向上游攀升，形成了"V"形轨迹的波动。然而，当制造业尝试向价值链的高端攀升时，常常遭到跨国公司的限制与打压，导致其处于弱势地位，难以摆脱低端嵌入的境地。这种情况下，代工企业面临着被动的局面，仅能获得微薄的利润，并且缺乏自主创新的能力，从而陷入了低端锁定的恶性循环，无法实现更高水平的发展。

（三）利润分配不均且获利较少

由发达国家主导的国际产业承接转移是其主要的资源优化策略之一，通行做法是将不具备比较优势或附加值较低的加工组装环节转移到中国、东盟、印度、南美等发展中国家，而本国则专注于设计、研发、营销及服务等具有明显比较优势领域。在这种环境下中国制造业在全球价值链的利益分配体系中获取的收益非常有限。在当前新发展时期，中国制造业企业以低端制造业参与全球分工的模式难以为继，提升产业链现代化水平需要参与附加值较高的创新环节，融入全球创新链。

五、价值链的攀升为区域经济高质量发展提供新力量

从价值链角度看，制造业服务化表现为企业将价值创造从中间低附加值的加工组装环节转向"微笑曲线"两端的高附加值服务环节。这一转变有助于提升制造业在全球价值链中的分工地位和国际竞争力，为经济高质量发展注入新的动力。

价值链涵盖了从产品概念到最终使用的全过程，包括研发、设计、生产、营销、分销和消费者支持等活动。这些活动可以由单一企业完成，也可能分散在多个企业中。随着价值链分工的深化，制造业将非生产性活动外包给专业服务公司，推动了服务业的专业化和模块化发展，从而使服务业的比重在整体价值链中逐渐上升。

在制造业生产模式转型的背景下，制造业与服务业形成了互动关系。市场对生产性服务需求的增加进一步促进了服务经济的发展。服务业，凭借其强大的增值能力和就业吸纳能力，已成为衡量产业结构合理化和区域经济繁荣的重要指标。服务业的快速发展特别推动了制造业的服务化转型，深刻改变了制造业的发展模式。

提升和延长企业的价值链对区域经济增长具有重要意义。微观上，企业的核心竞争力不仅受到其内部价值链的影响，还受到所在更大价值链的影响。延伸企业的价值链和提高其在价值链上的位置，可以增强企业的产品竞争力和整体盈利能力。宏观上，价值链的提升有助于提高各行业的整体增加值，推动区域产业结构升级，形成产业集群并积累集体社会资本，同时降低区域内行业企业间的交易成本。

第四节　提升区域经济竞争力

制造业服务化往往伴随着产业集群的形成和发展。产业集群内的企业可以共享基础设施、技术、信息等资源，形成规模经济和范围经济效应，进一步提升区域经济的竞争力。

一、区域产业集聚的概念界定

区域产业集聚是指以某一主导产业为核心的多个相关企业和机构在同一地理区域内集中，通过专业化分工形成联系。这样的集聚现象本质上是竞争与合作关系的结合，推动了相关企业和机构在特定区域的空间集中发展。

集聚是区域经济学和空间经济学中的关键议题，最早由经济学家韦伯引入。他将区位因素分为区域因素和集聚因素，指出在完全竞争市场中，小企业对销售价格影响有限。企业家主要目标是降低运输费用，而当较低的劳动力成本或集聚带来的成本节省抵消运输费用时，他们倾向于选择具有更大集聚经济效益的区位。

集聚可分为初级阶段和高级阶段。初级阶段指企业通过扩大规模形成集聚优势，而高级阶段则是企业利用相互联系逐步形成区域工业化。胡佛在1936年对集聚进行了系统分析，关注了运费构成、生产投入替代品及规模经济对产业集群的影响。1940年，勒施发现集聚现象的主要原因在于特定资源与人口分布条件下的规模经济差异。

产业集聚的空间分布形态是其发展中的一个核心议题，特别是产业由分散向集中转变的过程。19世纪90年代，马歇尔首次提出了产业集聚的空间外部性理论，强调了产业集聚所带来的四大优势：促进了专业化投入与服务的兴起、为专业技能工人提供了集中的市场、实现了技术溢出效应的获取，以及促进了现代化基础设施的共享。

二、区域产业集聚的基本特征分析

（一）在特定地理空间内有序集中

产业集聚是一种地理空间上的组织现象，能够通过促进劳动力、资金和技术等要素的溢出与共享，产生积极的外部性，推动区域的高质量发展。根据马歇尔提出的经济集聚和集聚外部性理论，产业集聚引致的集聚经济效应主要通过企业间的共享、匹配和学习等路径进行扩散。这种集聚产生的外部性，主要来源于劳动力的"蓄水池"效应、中间投入的共享效应以及知识技术的溢出效应，这些因素共同作用，进一步增强了区域经济的活力和竞争力。

（二）具有灵活的专业化分工体系

产业集聚是推动制造业高质量发展的关键力量，它通过深化上下游专业化分工，打造规模庞大、种类繁多的中间品市场，为产业升级提供了坚实的支撑。在长三角、粤港澳等地区产业集群内部的企业在空间分工专业化发展趋势下形成了复杂且高效的产业链，在协作共享的专业生产流程中提升产出效率，培育壮大了一大批专业劳动力市场。此外，企业通过共享区域内的基础设施和公共专业设备，能够实现规模报酬递增和外部经济效应，进一步提升了区域经济整体竞争力。

位于产业链下游的最终品厂商大规模集聚不仅为市场提供了丰富产品，也为中间品厂商创造了巨大的市场需求，通过连带效应将引力传到至全产业链，促进了规模效应的充分发挥。产业链上中游的正向反馈保证最终品厂商能够获取价格低廉的生产原材料。全产业链的中间投入共享效应，正是产业集聚对制造业高质量发展的重要贡献之一。

（三）建立密切的合作关系网络

在区域产业集聚的形成和发展过程中，各企业和机构逐步建立多种合作关系。首先，产业链上的不同主体与地方政府、金融机构、教育科研机构及中介服务机构形成本地化网络合作关系。其次，企业间的竞争与合作推动了知识、技术和理念的溢出，形成区域内的创新网络。最后，在共享的社会文化和制度环境下，企业之间建立了基于信任的文化网络。这些合作关系共同促进了区域产业集聚的形成与发展。

产业联动根植于产业关联之上，它体现在产业间的协同促进、协调运作及联合发展的协作活动中，旨在达成互利共赢的目标。这一过程是双向互动的，促进了产业的良性发展。值得注意的是，产业结构作为跨区域产业联动的关键要素，其差异性与区际产业联动的紧密程度成正相关。具体而言，地区间产业结构差异越大，往往能激发更紧密的区际产业联系。反之，若地区产业结构趋于相似，则可能加剧区域竞争，对区际产业联动构成不利影响。

（四）路径依赖特征较为突出

路径依赖的概念由戴维和亚瑟在 20 世纪 80 年代提出，指的是由于技术选择的不可预见性，导致难以改变且效率低下的情形。在区域产业集聚过程中，经济、社会和环境的不确定性可能导致大量企业在特定区位集中，表现出较强的竞争力。在适宜的发展环境下，这种集聚会形成自我强化机制，推动区域产业的快速发展。

产业集聚通过提升经济增长效率和改变经济增长结构，有效增强了城市的生产功能，从而促进制造业的高质量发展。现阶段国土空间资源红线存在的前提下，促进区域内生产优势功能区高质量集聚以及生产要素的高效利用，成为扩大再生产、实现高质量发展的重要手段。在此基础上逐渐形成的产业集群具有强大的规模效应和正外部性，刺激区域经济迅速增长。微观结构中依托于企业的人力、资本、技术等要素得以集中，并通过溢出效应激发创新活力，进而提高产业技术生产率。先进制造业的迅速发展还带动了生产性服务业的需求，使得这两者之间形成了良好的协同发展关系，进一步推动了制造业的质量提升。

三、产业集聚与区域经济发展

（一）产业集聚有助于增强区域竞争优势

波特认为国家竞争优势主要源自主导产业的竞争能力以及相关供应商和行业的发展水平。在区域产业集聚的过程中，相关企业和供应商在特定地区的集中能够充分发挥区域竞争优势。这种集聚不仅提升了区域的竞争优势，还能增强国家整体竞争力。因此，区域产业集聚是提升国家竞争优势和塑造国际竞争力的重要途径。

劳动生产力的显著提升与分工的深化息息相关。在空间分工实践中，大量专业化企业在某一区域内集聚，一方面向市场提供大量产品，同时在本地也形成巨大的要素市场，形成规模经济效应。以粤港澳大湾区为例，众多的专业镇形成精细化的生产加工基地和专业市场，由于形成了要素"蓄水池"，创新创业的难度和风险也随之降低，在技术溢出效应的带动下企业可以专注于特定工序的生产并获取丰厚回报。

在产业链波及作用影响下，大量专业化制造企业为抵御预期的风险更倾向于采用灵活的弹性生产模式。数字化生产网络中的企业与周边企业之间的联系日益紧密，这种利益联盟在共享资源的同时也能迅速响应外部环境的不稳定和不确定性。弹性专精的中小企业具备快速调整产品的能力，能够灵活应对需求和竞争的变化，同时调整成本也相对较低，这使得它们在动态市场中具备更强的竞争优势。

（二）产业集聚是提升区域创新能力的重要路径

创新是一个复杂的过程，绝不仅仅是单个企业的行为，而是一个需要多方协作与竞争的生态系统。产业集聚为这一过程提供了良好的环境，集中的企业能够互相学习、借鉴和激励，形成创新的良性循环。在一个特定区域内，拥有创新能力的企业不断推出新技术和新产品，推动整个产业的进步。

在这种集聚环境中，企业一方面积极从其他企业吸引新技术和人才，增强自身的竞争力；另一方面，它们也将自身研发的新技术扩散给周围的企业，促进区域内的知识共享和技术进步。这种互惠互利的关系，不仅提升了单个企业的创新能力，也增强了整个行业的整体创新能力，使得区域经济实现更高质量的发展。

（三）产业集聚可以形成累积效应和溢出效应

企业在特定地理空间的集聚引发两种主要效应。首先，累积效应通过产业链的延展和专业化分工的提升，推动集聚效益的增强，从而吸引新企业的加入，形成良性循环。其次，溢出效应扩大了区域产业集聚的发展规模，增强了集聚的辐射作用，促进了区域经济的协同发展。其中累积效应指的是在区域产业集聚的产业链上，随着企业和产业规模的扩大，集聚效益不断增强，这种效应吸引新企业加入，进一步提升专业化分工水平，形成良性的循环。而溢出效应则体现在企业集聚及产业链的延展扩大了区域产业集聚的发展规模，增强了其辐射作用，扩展了发展空间。这些效应共同推动了区域产业集聚的持续增长和经济发展，有助于提升区域整体经济效益。

从价值活动层面来看，产业集群能够实现外部规模经济，因为在集群中，企业之间通过明确分工和合作，降低了组织形式的成本。集群中的专业化生产使得企业可以根据自身优势选择最适合的生产模式，形成一条附加值逐步提升的生产链。随着集群规模的扩大，经济发展加剧了生产需求，使得企业分工更加专业化，生产效率得到提高。同时，产业聚集也带动了劳动力的集中，导致第一产业劳动力逐渐减少，第二和第三产业的劳动力比例逐步上升，从而促进了区域经济结构的调整和区域经济的发展。

第六章　制造业服务化推动区域经济高质量发展的实证检验

第一节　区域经济高质量发展评价指数的构建与测算

一、测度逻辑

（一）微观层面

企业作为微观经济主体承载着区域经济高质量发展的重要历史使命。就微观层面的单一企业而言，区域经济高质量发展要求企业提升生产要素质量，促进劳动生产率的绿色升级。制造业企业特别是服务化制造企业业已成为推动我国区域经济高质量发展的中坚力量。相比以往传统粗放型增长模式的日渐式微，数字经济潮流下的制造业与服务业深度融合顺应了历史发展潮流，在实践中涌现出众多新模式、新业态，极大改变了我国产业结构和国民经济发展水平。数字技术、云计算等新生事物作为新生产要素投入显著提升了传统生产要素的投入产出比，实现了新时期区域经济高质量发展要求的"低投入、高产出、高效率"目标。受企业增长模式变化影响，市场增强了优化资源配置能力，加速推出新产品，淘汰落后企业，不仅提升了交易效率，也为新一轮企业技术升级和产业变革奠定良好基础。

（二）中观层面

企业集群的网络联动效应在产业层面上改变了区域经济高质量发展态势，符合高质量发展的内在要求。新常态和"双循环"背景下国民经济稳健增长依赖经济结构持续优化升级、区域城乡二元结构稳定协调以及进一步提升对外开放格局。从全球价值链位置攀升角度看，现阶段国内产业亟需摆脱低端锁定，在高技术企业带领下向高附加值领域发起冲击，倒逼制造业企业服务化改造，进而实现经济结构的优化升级。需要注意的是，产业升级与市场需求始终是紧密互动的关系，无论产业结构合理化与高级化、投资向高附加值和高效益领域的转移，都与消费需求的多元化相辅相成。城乡二元结构造就了目前我国经济格局，一方面城乡要素与产品实现循环互补，另一方面东、中、西三大经济板块非均衡增长成为区域发展的突出问题。高质量发展目标要求缓解城乡间、不同经济板块间的发展差距，促进各区域比较优势的充分发挥，实现区域整体协调发展。进一步扩大在对外开放水平是新时代的要求，也是实现区域经济高质量的必由之路，以企业为主体，政府铺红毯，在"一带一路"和自贸区战略下多方联动互利共赢，构建新的经济发展格局。

（三）宏观层面

经济高质量发展在宏观层面要求实现国民经济的稳定增长，确保生产和消费的平稳，避免剧烈波动，并保障居民的基本生活需求。完善的基础设施是经济高质量发展的基础，它需要通过加强建设和管理，优化硬性和软性基础设施的投资，来提升经济增长潜力。同时，绿色发展成为新时代发展的重要标准，"低排放、低污染、高效率、高回报"发展模式已成为全民共识。坚决杜绝以环境换利润，以今天换明天的落后发展观，坚定"既要金山银山，也要绿水青山"的科学发展理念。经济成果共享是我国新时代理念的集中体现，深入推进公共服务均等化，确保经济成果惠及更多人群，提升生活水平和幸福指数，人人享有，各得其所，在满足基本生活需求的基础上，进一步提供更多的社会福利。

二、指标构建与测算

基于前文针对区域经济高质量发展理论分析，本研究在深入理解区域经济高质量发展内涵的基础上，遵循指标数据可得性原则，借鉴陈丽娴（2022）等人的研究方法，构建了能够覆盖高质量发展内容的我国区域经济高质量发展评价指标体系（见表6-1）。由于指标体系中存在大量异质性量纲，无法直接比较和测算，按照常用处理方式，本研究使用极差法对区域经济高质量发展指标进行了标准化处理。具体的测算步骤如下。

第一步，判断指标的方向，明确正向或逆向。

第二步，正向指标公式为 $x_{ij}=(X_{ij}-X_{min})/(X_{max}-X_{min})$。逆向指标公式为 $x_{ij}=(X_{max}-X_{ij})/(X_{max}-X_{min})$。

其中，i 代表省份，j 代表各项具体指标；x_{ij} 是经过标准化计算后的具体指标值；X_{ij} 代表原始指标值。X_{max} 和 X_{min} 分别是各测算指标值中的最大值和最小值。

第三步，使用线性加权法计算各省（市）经济高质量发展总指数和各级分指数。以经济高质量发展总指数为例，总指数 I 的计算公式为 $I=\sum_{1}^{9}I_{j}w_{j}$。

其中，I_i 表示9个一级指标，w_i 表示各一级指标对应的权重。此处 I 值的大小与经济高质量发展水平呈正相关关系。

为得到准确的指数权重，依次计算各测度指标 x_{ij} 的信息熵：

$$e_j = \ln(1/31)\sum_{i=1}^{31}\left[\left(x_{ij}/\sum_{i=1}^{31}x_{ij}\right)\ln\left(x_{ij}/\sum_{i=1}^{31}x_{ij}\right)\right]$$

在得出信息熵基础上进一步测算各测度指标 x_{ij} 的权重：

$$w_j = (1-e_j)\Big/\sum_{j=1}^{m}(1-e_j)$$

基于数据可获取原则，本研究选取 2009 年—2019 年的样本数据。其中，研发（R&D）人员数量、创新产品销售收入、国内专利授权数量、高技术产业销售收入、电力消费量、粮食总产量的原始数据分别来源于对应年份的《中国科技统计年鉴》、《中国能源统计年鉴》和《中国农村统计年鉴》，其他指标的原始数据则取自对应年份的《中国统计年鉴》。

模型中还涉及到全要素生产率的估算，本研究基于双向距离函数采用随机前沿分析方法来计算各省市的全要素生产率。具体计算过程中需要注意以增加值来衡量生产总值，此外借鉴以往研究以城镇单位年末就业人员数表示劳动投入，以永续盘存法进行估算资本存量，公式为 $K_t=I_t/P_t+(1-\delta)K_{t-1}$。$K_t$ 为当期资本存量，K_{t-1} 为上一期资本存量，I_t 是投资额，P_t 为价格，δ 为折旧率。人均受教育年限根据"6 岁及以上人口平均受教育年限=（小学总人数 ×6+初中总人数 ×9+高中总人数 ×12+大专及以上总人数 ×16）/6 岁及以上总人口数"这一公式测算。其余指标可直接由统计年鉴获得，或依据表 6-1 中的指标测算方式计算。

表 6-1 经济高质量发展评价指标体系

一级指标	二级指标	三级指标	指标测算方式	方向
微观层面	生产要素升级	R&D 人员投入水平	R&D 人员数/全部从业人员数量	+
		接受高等教育水平	大专及以上学历人数/全部从业人员数量	+
	资本产出	固定资产投资占比	全社会固定资产投资/GDP	+
		技术市场成交额占比	技术市场成交额/GDP	+
	技术进步	人均专利占有量	国内三种专利授权数/总人口	+
		创新产品增利度	创新产品销售收入/工业企业主营业务收入	+
		高新技术创收度	高技术产业销售收入/GDP	+

续表

一级指标	二级指标	三级指标	指标测算方式	方向
微观层面	效率质量升级	劳动生产率	GDP/全部从业人员数量	+
		能源生产率	GDP/电力消费量	+
		土地生产率	粮食总产量/耕地总面积	+
		全要素生产率	采用随机前沿方法测算	+
	产品品质	产品优等品率	产品优等品率	+
		产品质量合格率	产品质量合格率	+
		产品质量损失率	产品质量损失率	−
中观层面	经济结构优化	产业结构	产业结构升级	第三产业增加值/第二产业增加值	+
		市场结构	资本要素市场化程度	金融业增加值/GDP	+
			劳动要素市场化程度	私营企业和个体就业人数/全部从业人员数	+
		投资消费结构	投资结构	第三产业投资占比	+
			消费结构	居民食品消费支出占比	−
	区域结构优化	区域结构	区域收入结构	各省份人均GDP/全国人均GDP	+
			区域消费结构	各省份居民消费水平/全国平均消费水平	+
		城乡协调	城乡收入协调	城乡人均可支配收入比	−
			城乡消费协调	城乡消费水平比	−
	开放结构优化	经济开放结构	外资开放度	实际利用外商直接投资/GDP	+
			外贸开放度	进出口总额/GDP	+
	经济稳定增长	价格稳定	生产者物价指数	工业生产者出厂价格指数	−
			消费者物价指数	居民消费价格指数	−
		就业稳定	失业率	城镇登记失业率	−

续表

一级指标	二级指标	三级指标	指标测算方式	方向
宏观层面	基础设施建设			
	硬性基础设施	交通设施完善	等级公路密度	+
		医疗设施完善	人均医疗卫生机构床位数	+
		环卫设施完善	每万人拥有公共厕所	+
	软性基础设施	教育设施完善	高校平均教职工数	+
		文化设施完善	人均拥有公共图书馆藏量	+
		网络设施完善	人均互联网宽带接入端口数	+
	生态文明建设			
	绿色环保	森林覆盖程度	森林覆盖率	+
		自然保护区覆盖程度	自然保护区面积/辖区面积	+
		建成区绿色覆盖程度	建成区绿色覆盖率	+
	污染减排	单位GDP废水排放	废水排放总量/GDP	−
		单位GDP废气排放	二氧化硫排放量/GDP	−
		单位GDP固定废物排放	一般工业固体废物产生量/GDP	−
	发展成果共享	消费福利	人均消费支出	居民人均消费支出	+
		收入福利	人均可支配收入	居民人均可支配收入	+
		健康福利	人口死亡率	人口死亡率	−
		教育福利	人均受教育年限	6岁以上人口平均受教育年限	+

三、测算结果分析

由前文的区域经济高质量发展水平评估体系所得出的计算结果，得出 2009 年–2019 年中国 31 个省区市的经济高质量发展指数。将各地区指数整理为表 6-2。

表 6-2 2009 年—2019 年各省市经济高质量发展水平

	2009	2011	2013	2015	2017	2019
北京市	0.741	0.753	0.768	0.778	0.783	0.789
天津市	0.503	0.514	0.515	0.569	0.541	0.554
河北省	0.311	0.319	0.311	0.304	0.3191	0.336
山西省	0.245	0.241	0.372	0.385	0.349	0.294
内蒙古自治区	0.331	0.348	0.387	0.434	0.386	0.419
辽宁省	0.315	0.302	0.337	0.362	0.343	0.335
吉林省	0.249	0.242	0.249	0.255	0.265	0.278
黑龙江省	0.189	0.186	0.209	0.212	0.211	0.227
上海市	0.783	0.801	0.819	0.821	0.782	0.885
江苏省	0.512	0.528	0.618	0.614	0.602	0.597
浙江省	0.405	0.457	0.571	0.478	0.479	0.478
安徽省	0.257	0.257	0.356	0.282	0.351	0.336
福建省	0.314	0.346	0.352	0.351	0.279	0.351
江西省	0.225	0.227	0.303	0.197	0.196	0.231
山东省	0.353	0.408	0.402	0.395	0.417	0.423
河南省	0.343	0.344	0.437	0.411	0.433	0.419
湖北省	0.289	0.293	0.315	0.385	0.395	0.412
湖南省	0.296	0.303	0.395	0.369	0.313	0.371
广东省	0.421	0.457	0.456	0.426	0.429	0.475
广西壮族自治区	0.233	0.238	0.322	0.214	0.286	0.245
海南省	0.246	0.278	0.278	0.291	0.308	0.327
重庆市	0.405	0.412	0.399	0.409	0.407	0.403
四川省	0.275	0.271	0.347	0.367	0.296	0.319
贵州省	0.328	0.331	0.402	0.324	0.361	0.337
云南省	0.267	0.256	0.338	0.323	0.352	0.357

续表

	2009	2011	2013	2015	2017	2019
西藏自治区	0.251	0.255	0.267	0.277	0.228	0.278
陕西省	0.312	0.318	0.425	0.483	0.425	0.377
甘肃省	0.298	0.302	0.305	0.309	0.302	0.311
青海省	0.212	0.214	0.281	0.366	0.374	0.234
宁夏回族自治区	0.317	0.318	0.378	0.382	0.378	0.359
新疆维吾尔自治区	0.241	0.243	0.317	0.361	0.343	0.307

根据表6-2可以得出以下结论：

一是中国区域经济高质量发展不均衡，整体呈现明显的地域差异特征，具体表现为东、中、西部地区以及东北地区的高质量发展指数由高到低依次递减，并且多数省份和城市的相应指数偏低，说明大部分地区高质量发展不足，还有较大的发展潜力。这一结果也符合以往研究中对四大经济板块非均衡发展的固有认知。2019年中国区域经济高质量发展指数介于0.227~0.885之间，平均值为0.389，标准差为0.146。其中东部地区高质量发展指数达到0.885，最低为0.327，平均值为0.522，标准差为0.176，说明该地区具有明显的先发优势，在经济发展、社会服务和环境保护等方面均取得了较好成绩，成为全国高质量发展的标杆。相比之下中部地区过于追求经济增速，对其他方面的发展有所欠缺。从表中可看出该区域的指数最高为0.419，最低为0.231，属于经济高质量发展的"第二梯队"。西部地区由于自然环境欠佳，各项生产要素质量和集聚程度较低，目前高质量发展水平处于传统三大板块"第三梯队"，需要深挖其发展潜力。由于处在经济转型的关键时期，东北地区的高质量发展指数较低，反映出目前该地区仍处于转型的阵痛期，需要加大政策扶持力度，帮助该地区早日完成产业结构调整升级，实现东北经济振兴。

第二，从发展的视角看，2009-2019年间各地区的经济高质量发展水平都呈现出上升趋势，说明在这段时间各地区逐渐将高质量发展作为发展重心，追求综合发展效益。具体来看，东部地区始终保持较高的高质量发展态势，得益于充足的人力、资本资源以及得天独厚的区位优势，东部地区不断巩固自身高质量发展水平，特别是北京、上海、广州、深圳等特大城市的集聚和溢出效应反复强化这一优势，但从另一个角度看提升空间也较为有限。中部地区处于"第二梯队"，但高质量发展增速最快。由于承接了东部地区转移出来的产业，加上较为低廉的要素成本和政策支持，内生增长动力持续增强，形成了中部地区强势崛起的可喜局面。以武汉、郑州、合肥、长沙等区域中心城市为代表的中部大城市经济实力逐渐增强，甚至形成都市圈和城市群集聚发展态势，成为我国经济高质量发展的"新极"。西部地区经济基础较差，较多依赖外部投资驱动，需要政府给与大量政策支持。过去一段时间我国先后提出西部大开发战略、"一带一路"发展战略等，对西部地区的经济高质量发展注入充足动力，推动该地区因地制宜发展特色产业，完成产业转型升级。东北地区高质量发展水平增速较慢，处于传统三大板块之后，说明东北振兴亟待解决，也存在许多难题。与西部地区类似，需要政府加大扶持力度，优先发展"冰雪经济"、生态旅游等优势特色产业，尽快实现本地区经济高质量发展。

第二节 模型构建与实证分析

一、构建计量模型

为进一步分析制造业服务化对我国区域经济高质量发展的影响效应，构建如下计量模型：

$$eco_{it} = \alpha + \beta\, serv_{it} + X,\ it\,\lambda + \gamma_t + \varphi_i + \varepsilon_{it} \tag{6-1}$$

其中，下标 i 表示省份，下标 t 表示年份；eco_{it} 表示经济高质量发展指数；$serv_{it}$ 表示制造业服务化水平；X, it 表示一系列控制变量；γ_t、φ_i 分别表示年份和省份固定效应；ε_{it} 表示误差项。制造业服务化水平通过地区投入产出表计算，中国地区投入产出表目前只更新到 2017 年，因此本研究选取 2007 年、2012 年和 2017 年的中国地区投入产出表测算各省（市）的制造业服务化水平。

此外，考虑到区域经济高质量发展的动态性，即上期发展水平一定会存在滞后效应，同时考虑到可能存在的内生性问题，因此本研究在式 6-1 的基础上，引入区域经济高质量发展的滞后一期作为解释变量，将式 6-1 改写为下列动态面板模型：

$$eco_{it}= \alpha + \beta serv_{it} + \mu\, eco_{it-1} + X_{it}\lambda + \gamma_t + \varphi_i + \varepsilon_{it} \quad (6-2)$$

其中，eco_{it-1} 表示上一期的区域经济高质量发展指数，其余变量的含义同式 6-1。

二、数据来源及处理

本书所依据的数据主要来源于以下权威资料：中国城市统计年鉴、中国统计年鉴及各地市国民经济和社会发展统计公报、中国工业企业数据库、中国多部门投入产出表和中国省级投入产出表。其中，由中国多部门投入产出表和中国省级投入产出表整理计算得出本研究所需的国内制造业服务化数据；由中国工业企业数据库整理得到实证所需的企业控制变量；由中国城市统计年鉴整理得到实证所需的政府层面控制变量；由中国统计年鉴及各地市国民经济和社会发展统计公报整理得出实证所需的其他控制变量。

为和本研究模型相匹配，实证前需要对中国工业企业数据库按以下步骤进行梳理：首先构建企业面板数据集。在此过程中严格遵循 Brandt 等（2012）提出的识别方法，注意检查企业代码的一致性，若否则剔除，再验证企业名称是否统一，利用"地区+法人代表姓名"的方式加以精确匹配；其次需要按照国家统计局 2003 年对行业分类的最新标准，即 GB/T4754-2002 对行业分类进行调整。此外，为追求精确，依据《国民经济行业分类 1994 与 2002 新旧类目对照表》，本研究进一步对两种标准下的两位数、三位数和四位数行业分类进行了对比分析。研究发现，四位数行业分类存在较大差异，而三位数和二位数行业分类的差异较小。因此，本研究将 GB/T4754-1994 标准下的四位数行业分类调整至 GB/T4754-2002 标准下的三位数行业分类，以确保数据的一致性和可比性。

三、解释变量和控制变量

（一）解释变量

目前学术界关于制造业服务化指标的评估方法主要集中在微观企业和中观产业两个层面。在企业微观层面的具体操作方式是通过整理企业财报数据，得出制造业企业的服务性收入占比，这样可以较准确反映企业服务化水平，但获取数据难度较大。中观产业层面的操作方式是利用各产业投入产出数据计算得到制造业服务化水平。后者不仅数据全面且易于获取，而且有多种方法可供使用。因此本研究综合考虑数据的可得性和处理效率，采用了以投入产出法中的完全消耗系数来衡量国内各区域制造业的服务化水平。具体测算公式如下：

$$ser_{jk} = a_{jk} + \sum n\, m=_1 a_{jm} a_{mk} + \sum n\, s=_1 \sum n\, m=_1 a_{js} a_{sm} a_{mk} + \cdots \quad (6-3)$$

其中，ser_{jk} 表示制造业行业 k 的服务化水平，右侧依次是：第一项为制造业行业 k 对第 j 服务业行业的直接消耗量；第二项为生产第 k 制造业行业的产品，第一轮间接消耗的第 j 服务业行业的量；第三项为生产第 k 制造业行业的产品，第二轮间接消耗的第 j 服务业行业的量，后续各项以此类推。为了厘清 2009 年至 2019 年国内区域制造业服务化水平的变化规律，实证过程中使用以下方式进行处理：2009 年-2010 年期间匹配 2007 年各区域制造业服务化水平的数据；2011 年-2015 年期间匹配 2012 年各区域的制造业服务化水平数据；同理，2016 年-2019 年匹配 2017 年的制造业服务化水平数据。此外，实证还参考了陈丽娴、魏作磊（2019）等的研究方法测算制造业服务化额度，公式是制造业服务化总额=区域制造业增加值×对应年份的制造业服务化水平。再将计算结果除以各省（市）的生产总值（GDP$_c$），最终得出各地区制造业服务化水平的相对指标。测算公式如下：

$$\text{serv}_c = \frac{\text{manoutput}_c \times \text{ser}}{\text{GDP}_c} \quad (6-4)$$

（二）控制变量

（1）政府层面：为了量化政府干预（gov）的强度，特选用地方政府财政支出占地区生产总值（GDP）比例这一指标进行衡量。

（2）企业层面：使用企业规模（ent）描述企业特征。所需数据由中国工业企业数据库中资产总额对数处理后得到。

（3）衡量市场化程度（mar），为精简计算过程，直接使用王小鲁等人（2018年）编制的中国分省份市场化指数。由于该指数的最新数据仅更新至2016年，因此，对于2017年–2019年的数据，此处也沿用了2016年的数值。

（4）城镇化率（urb），采用城镇人口除以地区总人口的比值加以指代。数据来源自2010-2020年的中国统计年鉴。

四、实证结果分析

（一）基准回归结果

由于模型回归存在常见的内生性问题，因此在回归前需要加以妥善处理。本研究的思路是采用多种计量经济学模型综合评估，并控制各模型年份和省份固定效应，以探究制造业服务化对我国区域经济高质量发展的影响效应（见表6-3）。

综合评估结果如表6-3，最小二乘法、固定效应模型、系统GMM和差分GMM方法回归后系数分别是0.394、0.416、0.367和0.411并至少在5%水平显著，证实制造业服务化与区域经济高质量发展存在显著的正相关关系。制造业服务化水平的提升对区域经济高质量发展具有正向推动作用，印证了前文分析结论。从全球价值链角度看，制造业服务化能够极大提升相关企业价值链位置，重新整合配置资源，推动全产业提升产出效率，为区域经济增长提供了新动能和新模式。

分析控制变量的回归结果不难看出，政府干预的系数显著为正，这表明中央和各级地方政府出台的一系列产业政策在促进经济高质量发展方面起到了重要作用，特别是不同经济板块高质量发展都需要政策强力支持。企业规模对区域经济高质量发展水平也存在实质性的促进作用，企业规模扩大有利于增强国际竞争力，实现价值链攀升并带动区域经济增长。表中市场化水平的提高对区域经济高质量发展的影响并不显著，现阶段国内市场化程度不高，需要加快建设统一大市场促进要素和产品流通。此外，城镇化率的系数显著为正，说明城乡资源互补和优化配置促进区域经济高质量发展，未来应加速城镇化进程并进一步提高城镇化率。

表6-3 制造业服务化影响经济高质量发展的基准回归结果

	OLS 回归		FE 回归		差分 GMM 回归	系统 GMM 回归
serv	0.394***	0.349***	0.416***	0.383***	0.367**	0.411***
	−0.164	−0.021	−0.063	−0.117	−0.184	−0.125
L.eco					0.342***	0.331***
					−0.058	−0.032
gov	0.289***	0.388***	0.289***	0.174***	0.164***	0.148***
	−0.061	−0.074	−0.036	−0.006	−0.048	−0.024
serv	0.394***	0.349***	0.416***	0.383***	0.367**	0.411***
	−0.164	−0.021	−0.063	−0.117	−0.184	−0.125
L.eco					0.342***	0.331***
					−0.058	−0.032
gov	0.289***	0.388***	0.289***	0.174***	0.164***	0.148***
	−0.061	−0.074	−0.036	−0.006	−0.048	−0.024

续表

	OLS 回归		FE 回归		差分 GMM 回归	系统 GMM 回归
ent	0.185***	0.185***	0.211***	0.217***	0.221***	0.221***
	0.003	0.003	0.003	0.003	0.003	0.003
mar	−0.003	0.001	−0.014	−0.017*	−0.003	−0.003
	−0.008	−0.009	−0.008	−0.008	−0.011	−0.009
urb	0.478***	0.435***	0.408***	0.389*	0.182***	0.184**
	−0.091	−0.095	−0.064	−0.209	−0.013	−0.086
_cons	−0.059**	−0.084***	0.071***	0.018***	0.237***	0.225***
	−0.026	−0.026	−0.001	−0.001	−0.062	−0.036
年份效应	−	YES	−	YES		
省份效应	−	YES	−	YES		
R2	0.574	0.919	0.379	0.549		
AR(1)					−1.735	−4.002
					−0.000	−0.000
AR(2)					−1.638	0.892
					−0.231	−0.373
Sargan 检验					102.179	79.528
					0	0

注：***、**、*分别表示在1%、5%、10%的显著性水平上显著，括号内为聚类到省份层面的稳健标准误。下同。

（二）稳健性检验

为评估以上实证结果的可靠性，本研究设计了以下方式进行稳健性检验。

第一，从区域经济高质量发展评价指标体系入手，对指标重新赋权，具体做法是重新计算区域经济高质量发展的被解释变量指标：将前文设定的 9 个一级指标通过主观权重法重新赋值，将一级指标的权重统一设定为 1.000。

运用熵值法对所有 2 级指标进行客观赋权。最终得到了重新赋权后的区域经济高质量发展评价体系，并计算出各省（市）的区域经济高质量发展指数。

第二，更换统计模型。由于区域经济高质量发展指数取值的特殊性，对于此类受限的被解释变量可以在确保数据满足正态分布和同方差性的前提下，使用 Tobit 模型进行再次回归并检验结果。

第三，利用 2009 年、2012 年和 2017 年的区域经济混合横截面数据替代 2007 年、2012 年及 2017 年制造业对服务业的完全消耗系数后进行回归分析。

第四，考虑引入外生变量对模型进行重新回归。新引入的外生变量需与模型高度相关，从这一点出发本研究选取 1990 至 2000 年间服务业增加值的增长率作为工具变量。从外生性的角度来看，服务业与制造业产出效率差距较大，在"鲍莫尔病"影响下前一期服务业增加值增长率对后一期区域经济高质量发展的直接提升作用可以忽略不计。从相关性角度看，服务业增加值增长率的提升意味着服务化制造规模进一步扩张，服务业与制造业的融合度显著提升；另一方面，由于服务业受到"鲍莫尔成本病"的影响，其劳动生产率难以提升，因此历史上某一时期服务业增加值增长率的提升对当前经济高质量发展的直接影响相对较小。

稳健性回归结果如表 6-4 所示，经过重新设计的模型回归后的结果与基准回归结果进行对比可以发现，主要指标测算结论几乎一致。其中更换模型和相关指标后制造业服务化对区域经济高质量发展仍然存在显著的正向促进作用，表中可以看出 Tobit 模型检验下制造业服务化的系数约为 0.138，在 1% 的水平上显著促进区域经济高质量发展。从混合横截面回归结果中也显示制造业服务化的系数约为 0.192，在 1% 水平上显著。此外，本研究使用工具变量法验证了工具变量的适用性。从检验结果来看，依据 Kleibergen 和 Paap（2006）的 LM 统计量检验和 F 统计量检验研究结论，可以拒绝"工具变量识别不足"和"服务业增加值增长率变量弱识别"的原假设，这证明了工具变量的选取科学合理，从而保证了回归结果具有较高的可靠性。在考虑相关性和内生性问题后，依然表明制造业服务化对区域经济高质量发展具有显著的促进作用，证实了前文的基准回归结果是可信的。

表6-4 制造业服务化影响经济高质量发展的稳健性检验

	指标权重重新测算	Tobit模型检验	混合横截面回归	工具变量法
serv	0.379**	0.138***	0.192***	
	−0.154	−0.015	−0.015	
gov	0.608***	0.089***	0.176***	0.489***
	−0.049	−0.007	−0.023	−0.055
ent	0.261**	0.209***	0.216***	0.392***
	−0.033	−0.018	−0.024	−0.047
mar	−0.007*	−0.003	−0.007**	0.011***
	−0.003	−0.045	−0.003	−0.003
urb	0.465***	0.043***	0.238***	0.255***
	−0.074	−0.013	−0.056	−0.015
_cons	−0.354***	−0.367***	0.435***	−0.017
	−0.025	−0.025	−0.039	−0.026
iv				0.552***
				−0.167
年份效应	YES	YES	YES	YES
省份效应	YES	YES	YES	YES
LM统计量				49.204
				0
F统计量				56.172
				−16.38
R2	0.893	0.831	0.875	0.947

（三）异质性检验

前文分析可知，我国区域经济发展不均衡的现象长期存在，各大经济板块天然禀赋和产业结构存在巨大差异，也必然导致各区域制造业服务化发展水平及其驱动本地经济高质量发展的动力表现出非均衡性。在已有研究基础上，本书一方面将研究样本按照地理位置划分为东部、中部、西部和东北地区四大经济板块，另一方面根据人均GDP指标将全国划分为发达地区和欠发达地区，其中高于该指标的地区划为发达地区，低于该指标的地区划为欠发达地区。

表6-5 制造业服务化影响经济高质量发展的异质性检验

	地理位置				经济发展情况	
	东部地区	中部地区	西部地区	东北地区	欠发达地区	发达地区
serv	0.231***	0.396***	0.254***	0.216***	0.397***	0.334***
	-0.009	-0.017	-0.015	-0.007	-0.011	-0.007
gov	0.121	0.136	0.421***	0.138	0.328***	0.027
	-0.103	-0.113	-0.115	-0.139	-0.057	-0.067
ent	0.164**	0.131**	0.125***	0.127**	0.185***	0.134***
	-0.021	-0.019	-0.013	-0.012	-0.023	-0.031
mar	0.002	0.008	0.014**	0.039	0.002	0.006
	-0.007	-0.011	-0.006	-0.022	-0.005	-0.006
urb	1.177***	0.396***	0.162***	0.969***	0.901***	0.972***
	-0.134	-0.134	-0.001	-0.261	-0.095	-0.104
_cons	0.178***	0.211***	0.115***	-0.451***	-0.489***	-0.208***
	-0.042	-0.072	-0.049	-0.141	-0.031	-0.032
显著高于系数β东北	0.014***	0.181***	0.035***			
	-0.001	-0.003	-0.003			
显著高于系数β发达					0.064***	
					-0.002	
年份效应	YES	YES	YES	YES	YES	YES
省份效应	YES	YES	YES	YES	YES	YES
R2	0.718	0.746	0.778	0.755	0.795	0.802

如表 6-5 所示的实证结果揭示了一个明确的结论：制造业服务化是推动经济高质量发展的关键因素，这一效应在不同的地理位置和经济发展水平中均有所体现。然而，当深入分析地理位置的影响时，可以观察到中部地区的估计系数最高，其次是西部地区，然后是东部地区，而东北地区的系数最低。同样地，在考虑经济发展水平时，欠发达地区的估计系数也高于发达地区。

从统计学角度验证上述实证结果的可信度，一般的做法是进行组间回归系数差异的显著性检验。在检验过程中需要进行 500 次且有放回的自助抽样，在此基础上重复估计分组方程，最终得出系数差异的估计标准误。表 6-5 显示 $\beta_{中}$、$\beta_{西}$ 均大于 $\beta_{东}$、$\beta_{东北}$，且在1%的水平上显著；$\beta_{欠发达}$ 大于 $\beta_{发达}$，且在1%的水平上显著。结果表明制造业服务化对不同经济板块的影响效应存在差异：制造业服务化对中西部地区以及欠发达地区经济高质量发展的驱动力明显高于其他地区。结合前文分析来看，目前东部和发达地区的服务化制造水平较高，制造业与服务业融合发展已成为新常态，对本地经济高质量发展的提升作用较为有限。而中部、西部、东北以及欠发达地区正处于新旧动能转换、产业转型升级的关键时期，需要外在刺激和内生驱动保证本地区完成制造业服务化转型，从而推动区域经济高质量发展。相比而言，制造业服务化对欠发达地区的促进效应远高于发达地区。特别是中部地区的系数最高，意味着制造业服务化对该地区经济高质量发展的驱动力最强，一方面该地区经济基础较好，近年来通过强化基础设施建设、技术研发、吸引投资已成为我国经济增长的新引擎；另一方面作为东西两大板块的桥梁拥有丰富的发展资源，既能便捷高效地承接东部地区优质产业转移，也可以加强与西部地区的要素流通，在"一带一路"和自贸区等国家战略中扮演重要角色，为经济高质量发展提供了充足动能。

第七章　制造业服务化推动区域经济高质量发展的路径与策略

根据前文的理论阐述和实证检验，制造业服务化转型能够通过优化产业结构、推动产业结构合理化与高级化发展，进而促进区域产业结构的升级与优化，形成区域产业集群效应，进而激发创新驱动效应和价值链攀升效应，从而间接影响区域经济的高质量发展。基于此，应继续发挥政府对制造业服务化转型的资金扶持和政策倾斜，并鼓励制造业企业增加投入服务和产出服务，保障制造业服务化转型能够满足经济高质量发展的需求。应加快制造业服务化转型步伐，加大制造业服务化转型力度，加强制造业和服务业的深度融合，充分发挥制造业服务化对经济高质量发展的促进效应。

第一节　政策引导与支持体系

一、加大产业政策及资金扶持

制造业服务化转型是实现经济结构优化升级、从制造大国向制造强国转变的必然趋势。受限于发展阶段和企业自身条件，国内众多制造业目前仍处于全球价值链的中低端。尽管这些产业拥有悠久的历史，但长期以来，它们以"低端嵌入"的方式固守在全球产业链的低端位置。从长远来看，这种状况可能导致它们被锁定在高能耗、高污染的生产环节中。因此，迫切需要政府通过直接资金支持和产业扶持政策，推动这些传统优势产业进行创新，并实现向价值链高端的转型。这将有助于提升区域整体的创新能力和改善创新环境。因此，从宏观政策的角度出发，激励大型制造企业集团加速发展生产性服务业，已成为当前推动制造业产业转型升级的关键策略。

一方面，尽管众多企业已经深刻认识到发展制造服务业的迫切性和重要性，但将这种认识付诸实践，仍需政策层面的强力支撑。各级政府应将制造服务业定位为经济新常态下的关键扶持领域，将其整合入先进制造业及现代服务业的发展规划纲要中，持续增强对制造服务业的支持力度，以便为企业向制造服务业的转型提供有力的政策支持。

另一方面，企业在推进制造服务业的发展时，不仅需要巨额资金的注入，更需应对诸多不可预测的风险挑战，单独依靠企业自身力量显得尤为困难。因此，政府应积极发挥作用，引导银行为企业提供低息贷款支持，并激励互联网金融等创新金融服务的蓬勃发展。构建一个丰富多样、层次分明的资本市场，对于为制造服务业的发展提供坚实的资金后盾至关重要。同时，建立和完善制造服务业的风险防范体系同样不容忽视，通过引入风险投资基金，可以有效分散企业在服务化转型过程中面临的风险，从而消除企业的顾虑，推动其稳健前行。

二、加强信息网络基础设施投入

信息网络已成为现代社会经济发展的必备条件。信息技术的迅猛发展、信息化建设的持续深化以及信息网络的广泛普及和深入渗透，对推动经济增长、社会进步和科技创新产生了巨大影响。信息网络基础设施的建设投资能够有效克服地理距离带来的障碍，充分发挥各地的资源优势，缓解人才短缺的挑战，缩小不同地区的发展差距，并提高区域间的协作水平。

因此，在加大信息网络建设投入的同时，还需着力构建区域数据服务中心、云计算中心以及公共科技服务平台等关键性平台。这些平台的建立旨在提升信息网络的使用效率和区域信息数据的存储与服务能力，同时满足区域间信息共享、在线答疑和线上合作交流的需求，有效解决人才资源分布不均的问题。

三、加强创新产出保护立法

完善的法律体系是维护创新成果的关键保障。诺贝尔经济学奖得主、新制度经济学的领军人物道格拉斯·诺斯指出："尽管技术创新为经济增长提供了动力，但若缺乏制度创新和变迁的驱动力，并通过一系列制度安排来巩固技术进步的成果，那么人类社会的长期经济增长和社会发展将难以想象。"观察美国、欧洲等发达国家，它们无一例外地依靠健全的法律体系来捍卫技术创新，并推动本国产业的持续健康发展。与科技创新的快速发展相比，我国在某些领域存在立法空白，现有法律体系尚不完善，内容不全面，且往往落后于时代需求。科技立法方面，"法律法规往往过于抽象和指导性，停留在政策倡导层面，条文内容多为原则性规定，在实际操作中缺乏具体指导性。"鉴于此，区域经济发展迫切需要国家和地方立法机关在构建创新市场环境的过程中，增强法律法规的可操作性和实际效力，提升对创新行为和企业的法律保护。同时，完善执法、监督和法律服务体系，迅速填补立法空白，营造良好的法律环境，以最大程度地保护创新者和企业的合法权益。

四、构建跨区域组织协调机制

（一）设立跨区域协调机构

从区域经济一体化理论和国际典型经济区发展经验来看，一体化市场是区域经济发展的要求，而有效的协调机制构建是一体化发展的保障。实现区域协调发展可以充分发挥区域城市群的集聚效应，推动中心城市与其他城市形成合理分工，提升区域城市群整体竞争力，有效避免城市间的无序竞争。在区域协调发展的基础上推动要素自由流动、产业优势互补，达到资源优化配置的目标。由于区域行政边界较为复杂，多中心的城市结构在一定程度上会引发城市群内部竞争，增加了区域协调的难度，所以在国家层面进行顶层设计是经济社会发展的权威保障和根本支撑。

跨区域协调机构的核心职能在于促进区域经济的协同发展，涵盖研究策划、统筹规划、沟通联络、实施指导、信息服务以及政策法规咨询等多个方面。该机构致力于打造一个多维度、多层次、高效率的合作平台，以推动区域经济的共同进步。为确保跨区域协调机构的职能得到充分执行，建议将其设立在超越传统行政区域权限的更高层级框架内，确保其权力高于地方行政主体，从而在实际操作中避免权力被削弱。此外，跨区域协调机构应注重机制创新，利用其超越常规行政权限的优势，建立新的区域经济协同发展的协调机制，以促进有效合作并扩大合作成果。同时，该机构应推动政府在经济发展中角色的转变，构建地方政府、市场和企业之间的功能互补关系，促进区际文化的交流与融合、思想的沟通和观念的更新。此外，跨区域协调机构还应推动长期战略规划与微观组织努力方向的一致性，以及资源的高效流动与整合，并指导地方政府制定有利于宏观区域经济协调与合作、市场机制有效运作的地方性政策法规。

（二）协调区域间的权力及利益分配

在我国行政壁垒和地方保护主义仍然存在的背景下，区域经济的协调与发展需要跨区域协调机构的有效介入。各行政区域应在国家宏观调控框架下适当让渡权力，赋予跨行政区组织足够的决策权，从而实现内外协调。同时，需构建超越地方利益的共享机制，以股权分配、技术共享等手段促进区域间的产业合作和经济互惠。为了弥补区域经济发展不平衡，纵向财政转移支付和横向发达地区的扶持机制也至关重要，确保欠发达地区能够实现赶超，最终实现区域经济的均衡发展。

（三）采取有效区域政策工具，强化监督评估机制

我国区域政策工具分为直接援助和间接援助两类，前者包括财政投资和税收减免，后者包括基础设施建设、社会保障和技能培训等。为提高区域政策的有效性，需要创新政策工具和调整执行方式，同时加强效果评估和监督。应借鉴欧盟结构基金的经验，对落后地区采取多样化的政策工具组合，并同步推进配套设施的建设。中央政府应提供指导性援助资金，地方政府根据实际情况选择投资方式，同时建立责任机制以确保资金使用的透明度和效率。德洛尔强调，区域援助应以增强落后地区的发展能力和竞争力为目标，而非简单地缩小经济差距。

第二节　企业转型升级策略

彼得·德鲁克指出，一个区域能否将科研水平成功转化为创新成果，关键在于该区域的吸收能力和技术商业化能力。为了构建这两项能力，创新主体需要两方面的支持：一是政府的引导，二是孵化器的辅助。孵化器一词最初指用于人工孵化禽蛋的设备，但其含义已扩展至经济管理领域，特指一种帮助创新企业成长和发展的机制。企业孵化器通过提供场地、共享设施、咨询服务、培训机会以及资金和专业人才网络，显著减少了初创企业的创业成本和风险，从而促进了创新和创业活动。其核心宗旨是为新兴或初创企业提供必要的资源、技术支持和适宜的环境。

企业孵化器在降低创新风险、减少协同创新过程中的信息搜集成本以及提升区域创新效率方面发挥着至关重要的作用。集群内的中小企业通过持续的互动合作与竞争，以及技术与知识的溢出效应，能够显著提高研发和创新

能力，从而大幅增强整个集群的竞争力，并推动产业集群的转型升级。因此，利用地区坚实的工业基础和众多国内顶尖科研院所及专业技术人才的优势，发挥孵化器的"造血器官"功能，是促进区域内制造业服务化和产业集群转型升级的关键战略之一。针对当前制造业企业孵化器普遍存在的问题以及特殊挑战，推动企业孵化器建设应着重解决以下问题。

一、打造跨区域企业孵化器

随着互联网技术的持续进步，能够有效地突破地理界限和资源分配不均的障碍，打破产业集群转型升级的地域限制，促进区域内制造业向服务化转型的协同效应。因此，建立一个基于信息网络基础设施的跨区域企业孵化器显得尤为重要。目前，跨区域企业孵化器的实践已经逐渐成熟。一方面，它们充分利用发达地区的优质创业环境来孕育企业初期成长；另一方面，当企业具备一定的实力和规模后，再将其"移植"到其他园区，为当地经济注入新的活力。这不仅有效地缓解了欠发达地区资源短缺的问题，还帮助发达城市克服了产业结构和空间规划的限制，更有利于拓展市场空间和整合优势资源。因此，充分利用区域内不同城市的独特优势，积极构建跨区域企业孵化器，是推动区域产业集群创新和升级的有效途径。

企业孵化器的目标是支持科技型中小企业的发展，降低创业的成本和风险，提高创业成功率。这需要充足的资金投入作为基础。然而，由于我国天使投资和风险投资的发展尚不成熟，企业孵化器的资金主要来源于政府支持和商业银行信贷。初创企业通常面临市场前景不明、资产薄弱和盈利模式不清晰的问题，难以获得银行贷款。因此，孵化器需发挥中介作用，利用自身资源帮助初创企业对接商业银行，拓宽其信贷渠道，确保这些企业能够获得足够的资金支持。

二、加强政银企对接

传统的政银企融资对接主要依赖金融管理部门和地方政府的介入，存在覆盖面不足、可持续性差、缺乏内生动力等问题。近年来，创新型融资对接模式在全国各地逐步推广，通过大数据、金融科技的运用，以及线上线下共同推进，整合行业协会与中介组织的市场力量，为企业提供全方位的金融和法律服务。为了进一步提升融资对接的效果，应建立市场化的激励机制，协调政银资源，鼓励银行进行差异化精准定价，增强重点项目的信贷支持能力，从而提升融资对接的可持续性与内在驱动力。

三、鼓励与加强"产学研"合作

企业、高校和科研院所之间的产学研合作能够最大化利用现有科研资源。通过这种合作，高校和科研机构能够更好地释放其创新潜力，解决研究选题和成果转化的难题。对于在孵企业来说，加强产学研合作有助于满足其创新需求，同时吸纳科研院所和高校的研究能力，快速提升员工的综合素质。这不仅有助于降低创新投入成本，还能显著提升企业的创新效率和成果转化率。

首先，政府应发挥桥梁作用，促进区域内企业、高校和研发机构之间的定向联系，建立一个跨区域的产学研合作平台，以解决技术难题，并形成有效的跨区域合作机制。

其次，应鼓励跨区域的高校、研发机构和企业人员的灵活流动，例如高校和研发机构的专家可以跨区域到企业担任技术顾问或开设培训班，同时企业中的高级技术人员也可以到高校和研发机构担任学业导师或参与学生培养，以此来推动并加强区域内的产学研合作。

第三，需要改革科技成果转化制度，借鉴和总结改革经验，引入市场化定价机制，允许高校、科研院所和研发团队自主选择评估定价或协议定价方式，并通过签订授权合同来确定具体的处置方式。

最后，构建一个跨区域的成果信息发布平台，以促进供需信息的沟通和共享，鼓励企业向高校和技术研发机构进行订单式购买科技成果，激励新技术的不断涌现和创新成果的持续更新，从而推动产学研人才培育合作机制的完善和发展，提升区域的创新能力。

四、大数据赋能制造业服务化转型

大数据技术的应用能够帮助企业重新设计服务活动和运营流程，促使与利益相关者的多边互动，从而提升价值共创的效果。传统制造商可以通过数字赋能手段，转向基于网络分工和整合的协同、连续、定制化生产，实现智能制造。同时，借助大数据优化生产要素及其相互联系，企业能够推动价值创造和捕获的过程，从而提升整体运营效率和市场竞争力。

大数据正在引领制造业的结构优化和调整，推动产业转型升级。在工业经济时代，制造业依赖资本和劳动要素驱动规模化生产，竞争方式集中于降低产品价格。然而，在数字化经济时代，大数据通过云计算平台实时处理信息，缩短了供给与消费之间的时空距离。企业利用大数据可以深入了解消费者的个性化需求，重新梳理产品和服务，并通过延伸服务链实现产品全生命周期的服务化转型。这种转型使制造业从同质化竞争走向差异化竞争，逐步从低端产品向高端产品迈进，进而推动产业链向中高端转移，提升产品的附加价值，实现制造业从价格竞争向价值竞争的跃升。

制造企业应当利用互联网、大数据和人工智能平台来提升客户体验，深入挖掘个性化需求，增强消费黏性。通过大数据智能化决策，企业可以实现精准营销和个性化服务。同时，借助物联网等技术，企业能够提供在线、实时和智能化的服务，推动创新服务模式，促使制造业向服务化方向转型，从而在价值链中实现更高的攀升，迈向"微笑曲线"的高端。

第三节　区域协同与集群发展

通过参与国际分工和融入国际产业价值链,产业集群可以获得有效的创新发展机会。然而,在国际分工的初期,制造业产业集群通常面临缺乏核心技术和自主知识产权的问题。此外,由于品牌意识薄弱和对高品质全产业链生产的不重视,这些集群难以形成知名度。因此,推动制造业服务化以促进区域经济高质量发展,需要加强区域协同与集群发展,注重品牌建设和全产业链品质提升。

一、立足自主创新掌握核心技术

技术创新不仅是推动产业发展的持久动力,也是企业获得市场垄断和竞争优势的关键。然而,仅依赖技术授权无法有效掌握核心技术,还可能导致技术依赖,削弱企业的自主创新能力和后发优势。为此,制造业产业集群应充分利用区域内的教育和人才资源,以及强大的市场需求,通过吸收和借鉴美、日、欧等国家的先进技术和创新机制,在此基础上进行再创新,最终实现自主创新,掌握核心技术。

自主创新是推动科技进步、实现经济增长的重要动力源。它不仅在创新驱动发展战略中扮演着关键角色,还使技术进步模式从依赖外部模仿转向内生创新,通过知识资本和激励机制实现要素的重新组合。自主创新使企业摆脱对国外技术的依赖,在复杂的国际形势下增强了应对外部冲击的能力。此外,自主创新帮助企业迅速适应技术变革和市场需求的变化,成为其在激烈竞争中保持领先优势的重要武器。

二、实施品牌战略

尽管我国制造业在服务化方面已取得显著成效，但缺乏国际知名品牌的现状严重制约了产业集群在国际分工中的参与度以及创新与升级的能力。产品品质是品牌建设的基石，也是品牌影响力的根本来源。因此，实施品牌战略必须以提升产品品质为先决条件，运用系统化思维对产品设计、原材料挑选、生产加工、包装完善、运输监管以及售后服务等整个产业链进行全方位的严格控制。这样才能打造出高品质的产品，为品牌建设奠定坚实的基础。此外，品牌建设本质上是一项长期投资，需要企业持之以恒的坚持。国内不少企业未能正确理解品牌建设的长期性，导致经营多年的企业品牌被低价出售或无偿转让给跨国集团。因此，在推动制造业服务化和区域高质量发展的过程中，我们必须正确认识品牌建设的长期性问题，准确评估品牌价值，并在培育新品牌的同时，保护好现有的品牌资源。

三、注重集群类型划分

不同类型的制造业产业集群处于各自的发展阶段，因此它们参与国际分工的模式也应当有所区别。传统制造业产业集群已经步入成熟期，对于那些已经达到国际分工门槛的集群来说，首要任务是融入国际分工体系。它们应通过合作来增强自身的创新力，并通过吸收先进技术与技能来推动集群的转型升级。尽管制造业产业集群有能力参与国际分工，但它们仍可能面临被固定在全球价值链低端的风险。为了减少这种风险，集群需要更积极地参与全球价值链的竞争，通过竞争中的持续学习来缩小与前沿技术的差距，并提升研发创新能力，以实现产业集群的转型升级。至于高新技术产业集群，它们在技术创新方面具有较强实力，但在全球价值链中往往受限于发达国家。因此，这些集群应通过更深层次的合作与竞争来推进自身的转型升级发展。

四、提升全球价值链位置

近年来,随着全球价值链的形成,地方产业集群在区域经济中的作用愈发显著。企业集聚所引起的区域发展差异,已成为推动地区经济发展的关键因素,这一点在中国等对制造业依赖较深的发展中国家尤为明显。因此,对于一个地区来说,其产业发展必须深入考虑如何融入以全球价值链为核心的国际分工体系。

全球价值链中,许多区域产业因为过度依赖跨国公司而陷入低端锁定困境,这种依附关系使得企业在合作中处于被动位置。要想改变这种不利的分工地位,关键在于打破单方面依附关系,逐步构建起双向依赖的合作模式。通过加强产品和功能架构的核心能力,企业可以提高自身在全球价值链中的地位,实现更具主动性的双向合作。

一方面,区域产业主体需要从被动接受全球价值分工转向主动探索,通过多点嵌入积累多模块协同的经验,将价值链看作一个动态的多模块重组过程。通过积极寻找价值链中的断层并捕捉新价值模块的机会,企业可以承担起更重要的生产协调和整合职能,创建独具特色的产业链,从而迅速壮大自身的竞争力和市场地位。

另一方面,区域产业的发展应高度重视研发机构的作用,通过整合政府、科研院所和行业组织的资源,建立开放性的区域平台,促进知识扩散与自主创新。采用引进、消化、吸收和再创新的并行策略,加快科技成果转化的进程。与此同时,推动有资本运作能力的企业或组织利用资本纽带整合本地产业集群,促进产业文化和人才流动,构建一个"多重嵌入"的组团式区域产业集群,为区域经济实现高质量发展奠定基础。

第四节　加快人力资本培育与引进

人力资本是区域经济高质量发展的关键因素，决定着区域经济产业集群创新的速度与层次。因此，在当前，加速人力资本的培育以促进区域产业集群的创新发展显得尤为重要。

一、坚持专业技术人才与管理人才并重

专业技术人才是制造业服务化发展的关键支撑，而管理人才则是产业集群创新不可或缺的要素。在遵循客观规律的基础上，如何科学、合理、高效、有序地规划、组织、领导和控制企业的各项创新活动，并协调制造业产业集群的创新发展，这需要一批既精通技术、市场，又擅长管理的复合型人才以及专业技术领域的领军人物。因此，在人才培养的策略中，我们不仅要重视专业技术人才的培养，同样不可忽视管理人才的培育。同时，在吸引海外优秀人才的过程中，也应特别关注管理类人才的引进，以便在区域内形成专业技术人才与管理人才共同进步的积极局面。

为了加强专业技术人才与管理人才的协同创新，必须打破身份、单位和地域的限制，推动他们广泛参与产学研等多方协作，增强其视野和综合素质。在此过程中，顶层设计和高位推动至关重要，尤其是需要实施针对专业技术与管理人才的协同创新培养计划。通过加强行业主管部门、重点高校、科研机构和企业之间的深度协作，建立长期的合作机制，并通过横向和纵向合作整合资源、发挥优势互补，确保协同创新的可持续发展，避免单打独斗，实现共同进步。

二、加大人力资本弱势区域人才引进力度

受限于其发展基础和条件，高端人才的需求缺口较大，同时吸引和留住这些人才的难度也相当大。这导致某些区域成为中高端人才的聚集地。在推动制造业服务化和产业集群创新发展的过程中，必须针对人力资本较弱的区域加大人才引进力度，以提升区域整体的人力资本水平，进而推动产业集群的创新发展。

（一）加大人力资本弱势区域优秀人才直接引进力度

在人力资本较为薄弱的地区，吸引杰出人才面临多重挑战，这些挑战主要体现在对薪酬、子女教育、个人职业发展和机遇等方面的顾虑。为了有效促进这些区域优秀人才的直接引进，首先，必须提升相关岗位的薪酬待遇，通过优化岗位补贴和增设特定补贴等措施来增加收入。其次，应制定一系列优惠政策，包括住房支持、户籍便利、家庭成员就业安排、子女教育入学等，以吸引优秀人才定居。最后，应出台专门政策，为引进的人才打造优越的工作环境和提供充足的晋升空间，以确保人才的留存。

（二）加大人力资本弱势区域优秀人才灵活引进力度

鉴于多种特殊情况的存在，对于那些确实难以直接引进的优秀人才，我们应采取更为灵活的策略。首先，通过兼职、人才资源共享等创新、灵活的方式，吸引那些产业发展急需的、技术领域的顶尖人才，实现人才资源的共享，借助外部智慧；其次，进一步放宽对现有技术人才的限制，鼓励企事业单位的专业技术人员，在完成本职工作的基础上，且不损害国家和单位合法权益的前提下，到其他企业兼职。他们的薪酬应根据工作业绩来确定，并且允许企事业单位的高级人才为两个或更多的单位服务。同时，可以实行"临时工程师"和"星期日工程师"等灵活工作制度，他们的工作报酬应根据与用人单位签订的协议或国家的相关规定来确定。通过这些措施，我们旨在提

高人才的工作效率和积极性，缓解人力资本较弱区域的人才缺口。

三、创新人才激励制度

人才激励机制是促进人才综合素质提升的关键动力。基于对人才的精确分类，应当构建一个科学、宽容且具有针对性的人才评价体系。同时，应考虑为高级人才制定特别优惠政策。通过全方位的努力，完善人才激励机制，确保人才的恰当选拔、精准评估以及全面发展。

一是完善人才分类评价体系。针对基础研究人才，需重视其研究成果的质量、社会影响力及创新性，适度减轻中短期目标考核的比重；对于应用开发人才，应看重其业绩贡献、创新能力、创新成果及其在产学研合作中的贡献；而对于科技成果转化人才，则须关注其产值、利润等经济效益，以及促进就业、资源节约等社会效益。

二是建立以能力、业绩、贡献为主要标准的人才评价标准。在申报研究课题和科技项目时，应逐步减少职称和学历的权重。同时，在财政资金支持的研究课题和科技项目申报，以及户籍和居住证积分申请过程中，建议探索并建立一种由第三方专业机构和用人单位等市场主体进行人才评价的新机制。

三是开辟高级职称评审绿色通道。为了更好地利用海外高层次留学人才的专业经验和技术贡献，国家政策允许这些回国人才在申报高级专业技术职称时，其国外的工作经历和学术贡献将被认可，不再受到国内任职年限的限制。同时，对于在科技创新领域取得显著成就的中青年工程技术人员，可以不受传统学历和任职资历的限制，申请更高级别的职称。这一政策旨在鼓励更多高层次人才和优秀创新者参与国家的科技和工程发展。

四是加大科研人员股权激励力度。为了激发科研人员的创新活力，各类企业被鼓励采用股权、期权和分红等多种激励措施。特别是对于那些将科技成果作价入股的企业，政策将放宽对企业设立年限和盈利水平的限制，以促进科技成果的转化和应用。这一措施旨在通过优化激励机制，推动科研成果的商业化和企业的创新发展。

五是加大科研工作绩效激励力度。为了满足实际需求，应为从事基础研究和承担社会公益任务的科研院所提供稳定的财政资助，涵盖人员经费和科研经费。同时，应赋予高校和科研院所更大的财务自主权，以促进创新。此外，应鼓励通过年薪制、协议工资制和项目工资制等多种薪酬方式吸引和聘任高层次科研人才，确保这些人才的薪酬不受到绩效工资总额的限制。

四、加强人才"短板"建设

在提升我国整体人才素质的过程中，落后地区的人才培养构成了一个关键的"短板"。教育资金的不足、教学设施的陈旧、教师队伍的薄弱、劳动力素质的低下以及劳动力市场供需的不匹配，都是贫困区域在教育领域所面临的重大障碍。面对教育资源极度稀缺的挑战，贫困地区应将人才培养的重点放在职业教育上，以此作为突破口，迅速改善劳动力市场的供需关系，实施职业教育扶贫策略，从而激活区域经济的发展。

一是同步构建多渠道融资机制与职教扶贫资金精准投放机制。通过积极争取中央财政支持、提高本级财政在职业教育扶贫方面的支出比例，以及动员社会资本参与职业教育扶贫，我们可以完善并规范贫困地区教育资金的多渠道筹措机制。同时，实施针对性的教育资金分配，重点支持职业学校基础设施建设、提升职业教育教师薪酬，以及增加职业学校学生的日常生活补助。这样可以有效避免在资助过程中出现"全面撒网却处处薄弱"的状况。

二是认真实施教育扶贫工程项目。通过广播、电视、网络、标语和演讲等多种形式，积极宣传推广各项教育扶贫计划，吸引并组织潜在学员。同时，根据市场需求，开设机电、电子电工、建筑业、酒店管理、餐饮、市场营销等具有引导性的技能培训课程。这些措施旨在促进农村剩余劳动力的有效转移，实现转移一人、脱贫一户的目标。

三是探索"园校互动、校企融合"的职教发展模式。将职业学校建设与工业园区发展紧密结合，在园区的建设过程中融入职业教育的元素，同时在职业院校的规划中充分考虑工业园区的需求，即实现"园校互动"。将职业教育的功能定位与园区企业的价值链相融合，即"校企融合"。工业园区为职业院校提供实习基地和就业机会，而职业院校则为工业园区开设专门定制的课程，从而实现双方在人力资源、财务资源和物资资源方面的深度合作。

第八章　研究结论与展望

第一节　研究结论

本书基于对制造业服务化和区域经济高质量发展内涵及本质的深入分析，从企业、产业和价值链的视角，系统地梳理了制造业服务化如何促进区域经济高质量发展的理论逻辑。进一步地，在对区域经济高质量发展的内涵和特征进行细致剖析之后，本书从微观、中观和宏观三个层面构建了评价区域经济高质量发展的指标体系，并据此对2009年—2019年中国31个省（市）的经济高质量发展指数进行了测算与分析。通过构建一个科学合理的分析框架，本书准确阐释了制造业服务化投入对我国区域经济高质量发展的正向影响方向、影响程度及作用机制，并揭示了这一过程中存在的正面与负面效应。这些发现为我国制造业服务化与经济高质量发展的策略制定提供了宝贵的参考依据。以下是本书的主要研究结论。

第一，制造业服务化不仅是制造业自身转型升级的内在需求，更是推动区域经济高质量发展的重要途径。通过向服务领域的延伸和渗透，制造业企业能够更有效地满足市场多元化、个性化的需求，提升产品附加值，增强市场竞争力，进而促进整个产业链的升级与重构。

第二，制造业服务化的成功实施离不开技术创新、组织变革与模式创新的协同作用。技术创新为制造业服务化提供了强大的动力支持，使企业能够开发出更具竞争力的服务产品和解决方案;组织变革则要求企业调整内部结构,建立以客户为中心的服务型组织,提高服务响应速度和质量;模式创新则包括服务模式的创新、商业模式的创新等,为企业开拓新的市场空间和利润增长点。

第三,制造业服务化对区域经济高质量发展的促进作用是多方面的。它不仅有助于优化产业结构,推动传统制造业向高端化、智能化、绿色化方向发展,还能够促进区域经济的创新驱动发展,提升区域经济的整体竞争力和可持续发展能力。同时,制造业服务化还能够带动相关服务业的发展,形成产业联动效应,进一步推动区域经济的繁荣与发展。

第四,面对制造业服务化过程中可能出现的挑战与风险,如技术壁垒、市场需求不确定性、组织文化冲突等,企业需要采取积极有效的应对措施。这包括加强技术创新和研发投入、完善服务体系建设、优化组织结构和流程、加强人才培养和引进等。同时,政府也应加大对制造业服务化的支持力度,制定相关政策措施,为企业提供良好的发展环境和政策保障。

第二节 未来展望

高质量发展构成了全面建设社会主义现代化国家的首要任务,而区域经济的高质量发展则是推动中国经济高质量发展的一个关键支点。作为吸引和聚集新质生产要素的核心,制造业不仅是技术革命性突破的先行者,也是实践生产要素创新性配置的前沿阵地。它在推进产业深度转型升级、优化人才工作机制以及探索符合地方特色的区域经济发展模式中扮演着领头羊的角色。因此,制造业服务化投入对区域经济高质量发展的影响研究,对于促进中国经济的高质量发展具有深远的意义。

当前,国内学者对制造业服务化的研究主要集中在服务化动机、路径和过程的总结归纳上，而将服务化与区域经济高质量发展相结合的研究则相对较少。随着我国高质量发展战略的不断推进，学术界对制造业服务化转型在资源配置中的作用将给予更多关注，并将从多角度分析这一转型对区域经济增长的直接影响和间接影响。研究的焦点也将从单纯的"区域经济高质量发展"扩展至"制造业服务化转型如何创新驱动区域经济高质量发展"方向。

我们相信，在未来的发展中，制造业服务化将继续发挥重要作用，有助于构建优势互补、高质量发展的区域经济布局，推动中国区域经济实现高质量发展。

参考文献

[1]刘斌,魏倩,吕越,祝坤福.制造业服务化与价值链升级[J].经济研究,2016,(3):151-162.

[2]李琳.区域经济协同发展:动态评估、驱动机制及模式选择[M].北京:社会科学文献出版社,2016.

[3]程晓,邓顺国,文丹枫.服务经济崛起:"互联网+"时代的服务业升级与服务化创新[M].北京:中国经济出版社,2018.

[4]邓向荣,曹红.产业升级路径选择:遵循抑或偏离比较优势——基于产品空间结构的实证分析[J].中国工业经济,2016(2).

[5]唐志芳,顾乃华.制造业服务化、全球价值链分工与劳动收入占比——基于WIOD数据的经验研究[J].产业经济研究,2018(1).

[6]夏秋.制造业服务化与产业结构升级[M]北京:企业管理出版社,2022.

[7]陈子真.生产性服务业与制造业协同集聚、空间溢出与区域创新[J].商业研究,2019(5):52-60.

[8]张予川等.长江经济带制造业服务转型发展路径研究[J].北京:中国社会科学出版社,2021.

[9]张馨怡.制造业投入服务化、技术创新与产业链韧性[J].合作经济与科技,2024,(16):18-21.

[10]何哲,孙林岩.中国制造业服务化:理论、路径及其社会影响[M].北京:清华大学出版社,2012.

[11]傅利平,何兰萍.京津冀产业集群转型升级:全球价值链视角下的集群成

长[M].北京:中国社会科学出版社,2021.

[12]孙久文等.区域经济前沿:区域协调发展的理论与实践[M].北京:中国人民大学出版社,2020.

[13]何伟,董影,孙中原.数据要素对区域协调发展的影响研究——基于中国279个地级市面板数据的实证分析[J].城市问题,2024,(06):35-44.

[14]陈丽娴,魏作磊.制造业服务化驱动中国经济高质量发展的理论逻辑与实证检验[J].经济与管理评论,2022,38(06):130-143.

[15]段杰.生产性服务业发展与区域经济增长研究[M].北京:清华大学出版社,2014.

[16]李琳,田彩红,徐洁.制造业服务化对区域绿色创新效率的影响[J].华中师范大学学报(自然科学版),2021,55(05):862-875.

[17]刘秉镰等.中国区域产业经济研究[M].北京:中国人民大学出版社,2020.

[18]姚舒昊,刘勋,李建宏.产业升级与区域经济发展的相互作用及策略研究[J].商展经济,2024,(14):133-136.

[19]国家制造强国建设战略咨询委员会.中国制造2025蓝皮书（2017）[M].北京:电子工业出版社,2017.

[20]加里杰里芬.全球价值链和国际发展:理论框架、研究发现和政策分析[M].王新奎,译.上海:上海人民出版社,2018.

[21]李馥伊.数字经济与制造业全球价值链攀升:理论、实践与政策[M].北京:中国社会科学出版社,2021.

[22]KOGUT B. Designing Global Strategies: Comparative and Competitive Value – Added Chains[J]. Sloan Management Review,1985,26(4):15-28.

[23]HOPKINS T K,WALLERSTEIN I. Commodity Chains in the World-Economy Prior to 1800[J].Review,1986,10(1):157-170.

[24]GEREFFI G. A Commodity Chains Framework for Analyzing Global Industries[J].Institute of Development Studies. 1999，8(12):1-9.

[25]GEREFFI G. Shifting Governance Structures in Global Commodity Chains,With

Special Reference to the Internet[J]. American Behavioral Scientist,2001,44(10):1616–1637.

[26]王艳华,郝均,赵建吉,等.从 GPN1.0 到 2.0:全球生产网络理论研究进展与评述[J].地理与地理信息科学,2017,33(6):87 – 93.

[27]TAVASSOLI S. The role of product innovation on export behavior of firms: is it innovation input or innovation output that matters[J]. European journal of innovation management, 2018, 21(2): 294–314.

[28]YANG S, YI Y. Effect of technological innovation inputs on global value chains status[J]. Journal of global information management (JGIM), 2021, 29(5): 37–54.

[29]AMBOS B, BRANDL K, PERRI A, et al. The nature of innovation in global value chains[J]. Journal of world business, 2021, 56(4): 101221.

[30]AMADOR J, CABRAL S. Global value chains: a survey of drivers and measures[J]. Journal of economic surveys, 2016, 30(2): 278–301.

[31]VAN DER MAREL E. Positioning on the global value chain map: where do you want to be?[J]. Journal of world trade, 2015, 49(6): 915–949.

[32]JANGAM B P, RATH B N. Does global value chain participation enhance domestic value - added in exports? Evidence from emerging market economies[J]. International journal of finance & economics, 2021, 26(2): 1681–1694.

[33]DESTEFANO T, TIMMIS J. Robots and export quality[J]. Journal of development economics, 2024, 168: 103248.

[34]ISLAM M T, CHADEE D. Stuck at the bottom: role of tacit and explicit knowledge on innovation of developing-country suppliers in global value chains[J]. International business review, 2023, 32(2): 101898.

[35]ANTRÀS P. Global production: firms, contracts, and trade structure[M]. New Jersey: Princeton University Press, 2015.

[36]CHOR D. Unpacking sources of comparative advantage: a quantitative approach[J]. Journal of international economics, 2010, 82(2): 152–167.

[37]ECKHARDT J, POLETTI A. Introduction: bringing institutions back in the study of global value chains[J]. Global policy, 2018, 9: 5–11.

[38]AMENDOLAGINE V, PRESBITERO A F, RABELLOTTI R, et al. Local sourcing in developing countries: the role of foreign direct investments and global value chains[J]. World development, 2019, 113: 73–88.

[39]戴翔,刘梦,张为付.本土市场规模扩张如何引领价值链攀升[J].世界经济,2017,40(9):27 – 50.

[40]王岚,李宏艳.中国制造业融入全球价值链路径研究——嵌入位置和增值能力的视角[J].中国工业经济，2015(2):76 – 88.

[41]苏杭,郑磊,牟逸飞.要素禀赋与中国制造业产业升级——基于WIOD和中国工业企业数据库的分析[J].管理世界，2017(4):70 – 79.

[42]陈丽娴,魏作磊.地区制造业服务化程度与劳动者工资收入——基于CHIP 数据的经验研究[J].财经论丛，2019，(05):13 – 21.

[43]王小鲁,樊纲,胡李鹏.中国分省份市场化指数报告(2018)[M].北京:社会科学文献出版社,2018.

[44]陈丽娴,魏作磊.制造业服务化驱动中国经济高质量发展的理论逻辑与实证检验[J].经济与管理评论,2022,38(06):130–143.

[45]Kleibergen F,Paap R.Generalized reduced rank tests using the singular value decomposition[J].Journal of Econometric,2006,133(1) : 97–126.

[46]Brandt L., Van Biesebroeck J., Zhang Y. F. Creative Accounting or Creative Destruction? Firm– Level Productivity Growth in Chinese Manufacturing[J]. Journal of Development Economics, 2012, 97(2): 339– 351.